PLANEJAMENTO ESTRATÉGICO

Revisão técnica:

Rogério de Moraes Bohn
Bacharel em Administração
Especialista em Informática na Educação e em Gestão de Micro e Pequenas Empresas
Mestre em Administração com ênfase em Recursos Humanos

G919p   Guazzelli, Arianne Menna.
         Planejamento estratégico / Arianne Menna Guazzelli, Jacqueline Cucco Xarão ; [revisão técnica : Rogério de Moraes Bohn]. – Porto Alegre: SAGAH, 2018.

         ISBN 978-85-9502-635-3

         1. Administração. 2. Planejamento estratégico.
         I. Xarão, Jacqueline Cucco. II. Título.

                                                          CDU 005.51

Catalogação na publicação: Karin Lorien Menoncin — CRB 10/2147

PLANEJAMENTO ESTRATÉGICO

Arianne Menna Guazzelli
Bacharel em Administração de Empresas
Especialista em Finanças Empresariais
e em Educação Profissional

Jacqueline Cucco Xarão
Bacharel em Administração de Empresas
Pós-graduada em Gestão de Recursos Humanos
e em Docência Superior
MBA em Gestão Empresarial

Porto Alegre
2018

© SAGAH EDUCAÇÃO S.A., 2018

Gerente editorial: *Arysinha Affonso*

Colaboraram nesta edição:
Editora: *Maria Eduarda Fett Tabajara*
Assistente editorial: *Yasmin Lima dos Santos*
Preparação de original: *Alessandra Nicolini e Nathália Glasenapp*
Capa: *Paola Manica | Brand&Book*
Editoração: *Kaéle Finalizando Ideias*

> **Importante**
> Os *links* para *sites* da Web fornecidos neste livro foram todos testados, e seu funcionamento foi comprovado no momento da publicação do material. No entanto, a rede é extremamente dinâmica; suas páginas estão constantemente mudando de local e conteúdo. Assim, os editores declaram não ter qualquer responsabilidade sobre qualidade, precisão ou integralidade das informações referidas em tais *links*.

Reservados todos os direitos de publicação à
SAGAH EDUCAÇÃO S.A., uma empresa do GRUPO A EDUCAÇÃO S.A.

Rua Ernesto Alves, 150 – Bairro Floresta
90220-190 – Porto Alegre – RS
Fone: (51) 3027-7000

SAC 0800 703-3444 – www.grupoa.com.br

É proibida a duplicação ou reprodução deste volume, no todo ou em parte, sob quaisquer formas ou por quaisquer meios (eletrônico, mecânico, gravação, fotocópia, distribuição na Web e outros), sem permissão expressa da Editora.

IMPRESSO NO BRASIL
PRINTED IN BRAZIL

APRESENTAÇÃO

A recente evolução das tecnologias digitais e a consolidação da internet modificaram tanto as relações na sociedade quanto as noções de espaço e tempo. Se antes levávamos dias ou até semanas para saber de acontecimentos e eventos distantes, hoje temos a informação de maneira quase instantânea. Essa realidade possibilita a ampliação do conhecimento. No entanto, é necessário pensar cada vez mais em formas de aproximar os estudantes de conteúdos relevantes e de qualidade. Assim, para atender às necessidades tanto dos alunos de graduação quanto das instituições de ensino, desenvolvemos livros que buscam essa aproximação por meio de uma linguagem dialógica e de uma abordagem didática e funcional, e que apresentam os principais conceitos dos temas propostos em cada capítulo de maneira simples e concisa.

Nestes livros, foram desenvolvidas seções de discussão para reflexão, de maneira a complementar o aprendizado do aluno, além de exemplos e dicas que facilitam o entendimento sobre o tema a ser estudado.

Ao iniciar um capítulo, você, leitor, será apresentado aos objetivos de aprendizagem e às habilidades a serem desenvolvidas no capítulo, seguidos da introdução e dos conceitos básicos para que você possa dar continuidade à leitura.

Ao longo do livro, você vai encontrar hipertextos que lhe auxiliarão no processo de compreensão do tema. Esses hipertextos estão classificados como:

Saiba mais

Traz dicas e informações extras sobre o assunto tratado na seção.

Fique atento

Alerta sobre alguma informação não explicitada no texto ou acrescenta dados sobre determinado assunto.

Exemplo

Mostra um exemplo sobre o tema estudado, para que você possa compreendê-lo de maneira mais eficaz.

Link

Indica, por meio de *links* e códigos QR*, informações complementares que você encontra na *web*.

https://sagah.com.br/

Na prática

Proporciona uma experiência real. Acesse a página **https://bit.ly/2JvAj7g**, baixe o aplicativo Sagah **Planejamento estratégico**, aponte a câmera para a imagem impressa e teste seus conhecimentos em um *game* divertido!

Todas essas facilidades vão contribuir para um ambiente de aprendizagem dinâmico e produtivo, conectando alunos e professores no processo do conhecimento.

Bons estudos!

---

* Atenção: para que seu celular leia os códigos, ele precisa estar equipado com câmera e com um aplicativo de leitura de códigos QR. Existem inúmeros aplicativos gratuitos para esse fim, disponíveis na Google Play, na App Store e em outras lojas de aplicativos. Certifique-se de que o seu celular atende a essas especificações antes de utilizar os códigos.

PREFÁCIO

Independentemente do foco do negócio, é consenso que o ambiente organizacional vem sofrendo densas transformações, resultado das inconstantes tendências das variáveis econômicas, políticas, tecnológicas, etc., em nível nacional e mundial. É consenso também que, em decorrência dessa dinamicidade do macroambiente, o nível de exigência dos consumidores vem crescendo de forma ímpar, acabando por elevar o nível de competição entre as organizações a um novo patamar. Como lidar com essa situação é a pergunta que toda empresa deve se fazer quando da elaboração da sua estratégia — e neste livro você verá a resposta.

Para um planejamento estratégico, você precisa saber, primeiramente, o que é estratégia, uma vez que pode ser equivocadamente resumida a um plano tático para vencer uma circunstância ou um inimigo. Nas organizações, estratégia é muito mais do que isso — o seu maior inimigo pode não ser um concorrente direto, mas os seus fornecedores ou clientes. Ou seja, estratégia contempla diferentes conceitos, os quais serão discutidos aqui.

Ainda, a escolha da estratégia dependerá fortemente do tipo de negócio da organização e da indústria onde vai competir. Há indústrias em que a concorrência é bastante forte, mas isso não significa que o seu negócio estará fadado ao insucesso. Há outros fatores a serem analisados, como os custos necessários para a entrada em determinada indústria e a curva de aprendizagem para dominar os seus processos, por exemplo. Neste livro, você verá quais são esses fatores.

Em uma empresa, existem diferentes níveis de estruturação de caminhos a serem seguidos — desde as preocupações mais amplas, mais estratégicas e de responsabilidade da alta gerência, até os menores detalhes, mais operacionais. O produto ou serviço que é criado por uma organização passa por uma sequência de fases até ter condições de entregar de fato ao cliente algo que ele reconheça como significativo, de verdadeiro valor. Nesse sentido, aqui você lerá a respeito das dimensões corporativa, competitiva e funcional de estratégia, incluindo a importância dos referenciais estratégicos para o planejamento estratégico.

Cada um desses pontos faz parte do grande tema que é o planejamento estratégico, peça fundamental para qualquer empresa, seja de micro, pequeno, médio, grande porte ou mesmo uma gigantesca corporação. Boa leitura!

Rogério de Moraes Bohn

SUMÁRIO

Unidade 1

Evolução do pensamento estratégico 15
Arianne Menna Guazzelli
    Evolução do conceito de estratégia 14
    Os 5 Ps da estratégia 16
    Pensamento estratégico e as demandas corporativas 20

Escolas do pensamento estratégico 27
Arianne Menna Guazzelli
    Escolas e as suas estratégias 28
    Escolas de natureza prescritiva 32
    Escolas de natureza descritiva 34

Etapas do planejamento estratégico 43
Arianne Menna Guazzelli
    Estágios do planejamento estratégico 41
    Estratégias: corporativa, competitiva e funcional 45
    "Planejar, depois agir" 48

Referenciais estratégicos 55
Arianne Menna Guazzelli
    Conceitos fundamentais 53
    Alinhamento entre estratégia e referenciais estratégicos 58
    Casos de fracasso 60

Gestão estratégica 69
Arianne Menna Guazzelli
    Evolução histórica da gestão estratégica 69
    Principais características da gestão estratégica 73
    Gestão estratégica e governança corporativa 77

Unidade 2

Análise do ambiente externo: macroambiente e indústria 85
Arianne Menna Guazzelli
Macroambiente organizacional 86
Análise de cenários 89
As cinco forças de Porter 91

Análise do ambiente interno 99
Arianne Menna Guazzelli
Recursos, capacidades e competências essenciais 100
Forças e fraquezas da organização 103
Fatores críticos de sucesso 105

Análise SWOT 111
Arianne Menna Guazzelli
Matriz SWOT 112
Ambiente interno: forças e fraquezas 117
Ambiente externo: oportunidades e ameaças 119

Matriz BCG 125
Jacqueline Cucco Xarão
Apresentação da matriz BCG 126
Produtos e serviços nos quatro grupos da matriz BCG 129
Planos de ação com base na matriz BCG 132

Unidade 3

Posicionamento estratégico 139
Jacqueline Cucco Xarão
Grupos estratégicos e mapas estratégicos 139
Dimensões utilizadas na definição do posicionamento estratégico 142
Proposição de valor 144

Objetivos estratégicos: definição e classificação 151
Jacqueline Cucco Xarão
Objetivos e planejamento estratégicos 152
Objetivos estratégicos: natureza, prazo e forma 154
Objetivos estratégicos *versus* metas estratégicas 156

Objetivos estratégicos: implementação e desdobramento 163
Jacqueline Cucco Xarão
Implementação dos objetivos estratégicos 164
Desdobramento dos objetivos estratégicos 167
Parâmetros indicadores na priorização de objetivos 170

Unidade 4

Formulação da estratégia competitiva 177
Jacqueline Cucco Xarão
   Matriz Ansoff 178
   Modelo Porter: estratégias genéricas de competição 183
   Cadeia de valor e formulação da estratégia organizacional........................ 186

Implementação e controle da estratégia 191
Jacqueline Cucco Xarão
   Plano de ação e 5W2H 192
   Indicadores-chave de desempenho e desdobramento das estratégias...... 195
   Perspectivas do *balanced scorecard*... 199

Cliente e valor 205
Jacqueline Cucco Xarão
   Como criar valor para os clientes por meio do planejamento estratégico 206
   Como agregar valor aos produtos/serviços por meio de atividades
      primárias e secundárias 209
   Exemplos de empresas orientadas para o valor..211

Planejamentos estratégico, tático e operacional................................217
Jacqueline Cucco Xarão
   Conceitos fundamentais... 218
   Planejamentos de curto, médio e longo prazo.. 220
   Projeções das situações econômico-financeira e patrimonial da empresa 224

UNIDADE 1

Evolução do pensamento estratégico

Objetivos de aprendizagem

Ao final deste texto, você deve apresentar os seguintes aprendizados:

- Definir estratégia e como esse conceito foi mudando ao longo do tempo.
- Reconhecer os 5 Ps da estratégia e por que são úteis para o planejamento estratégico.
- Relacionar a evolução do pensamento estratégico com a evolução das demandas corporativas.

Introdução

As mudanças significativas no ambiente organizacional, causadas pelo cenário econômico atual, acarretam maiores exigências, principalmente por parte dos consumidores, e tornam fundamental a elaboração de estratégias para enfrentar os desafios do mercado e atingir os objetivos estabelecidos pela instituição. O pensamento estratégico pode ser baseado em cinco aspectos, que poderão auxiliar as empresas no desenvolvimento do seu planejamento estratégico, isto é, na construção do futuro da instituição tendo como base o presente e o passado, de forma estratégica.

Neste capítulo, você vai estudar sobre o conceito de estratégia e a sua evolução, vai identificar os 5 Ps da estratégia e a sua importância para o planejamento estratégico e vai verificar como o pensamento estratégico pode auxiliar nas atuais demandas corporativas.

Evolução do conceito de estratégia

Segundo Meirelles (1995), uma das primeiras utilizações da palavra **estratégia** foi feita há aproximadamente 3.000 anos pelo estrategista chinês Sun Tzu, que defendia que todos os indivíduos são capazes de enxergar as táticas pelas quais se obtém o triunfo, mas ninguém consegue visualizar a estratégia a partir da qual grandes conquistas são alcançadas. Ainda de acordo com Meirelles (1995), a origem do termo se deu na Grécia Antiga, onde, primeiramente, a estratégia era conhecida como "a arte do general"; logo após, passou a ter um significado voltado para a guerra, representando o general, a arte e a ciência de guiar um exército por uma direção. Ghemawat (2000) também afirma que a palavra estratégia representava, inicialmente, o ato de comandar ou conduzir exércitos em tempos de guerra. Assim, a estratégia era utilizada como uma forma de **vencer o adversário**, sendo um mecanismo de vitória na guerra, posteriormente ampliado a outros campos do relacionamento humano, como o econômico e o político. Com isso, a estratégia passou a ser conhecida no contexto empresarial como a **arte de estabelecer caminhos**, conforme afirmam Grave e Mendes (2001).

Mintzberg (2006) explica que, no tempo de Péricles (450 a.C.), a palavra estratégia correspondia às habilidades administrativas ou gerenciais, ou seja, às capacidades de liderança, poder, oratória e administrativas. Mais adiante, na época de Alexandre (330 a.C.), o seu significado passou a corresponder às habilidades utilizadas para vencer um adversário e criar um sistema global de governabilidade.

Percebe-se, assim, que a estratégia passou por diversos ciclos, apresentando diferentes conceitos, progredindo de um grupo de ações e táticas militares para a disciplina do conhecimento administrativo denominada **administração estratégica**, que compreende conteúdos, conceitos e argumentos práticos que conquistam cada vez mais espaço nas esferas empresarial e acadêmica. Nesse sentido, não existe um significado definitivo para a palavra estratégia. Foram vários os conceitos instituídos no desenrolar da administração estratégica, com distintas complexidade e amplitude. Por sua abrangência, o vocábulo estratégia exibe um paradoxo e requer a integração de um conjunto de teorias e perspectivas, o que dificulta o completo apontamento de sua abordagem, conforme leciona Cabral (1998).

Mintzberg (2006) afirma que, conforme o contexto em que a estratégia é utilizada, poderá ter táticas, metas, programas, políticas, entre outras, como definições indispensáveis para determiná-la. Com isso, a estratégia poderá exprimir, dentro da Administração, desde o posicionamento global de mercado de uma empresa, isto é, a sua direção, realizada de maneira precisa, até a natureza, a individualidade e a razão da existência de uma organização.

Meirelles (1995) explica que a estratégia passou a ser muito utilizada nos âmbitos acadêmico e empresarial, em grande dimensão e com muita diversificação, podendo ser complementar ou até mesmo divergente entre esses âmbitos. Assim, estabelece-se que a estratégia nada mais é do que a disciplina da Administração que cuida do ajuste da instituição ao ambiente em que está inserida. A estratégia pode ser também considerada um plano ou padrão que une as táticas, as políticas e as atividades sequenciais de uma empresa de forma coerente com o seu todo, conforme leciona Mintzberg (2006).

Já Thompson Junior e Strickland (2000) definem estratégia como um grupo de mudanças competitivas e táticas comerciais que os gestores realizam para alcançar o melhor desempenho da organização; ou seja, trata-se do planejamento do jogo da alta cúpula da administração para fortalecer a posição da instituição no mercado, além de proporcionar a satisfação dos consumidores e alcançar as metas de desempenho. Michel (1990) traz uma visão mais operacional para o significado de estratégia, dizendo que se trata da decisão referente a quais recursos devem ser comprados e utilizados a fim de que representem vantagens para a empresa, ou seja, que seja possível haver ganho ao escolhê-los, além da redução dos motivos que ameacem o alcance dos resultados pretendidos. Wright, Kroll e Parnell (2000), por sua vez, apresentam um dos conceitos mais empregados para estratégia, definindo-a como planos da alta administração para conseguir atingir resultados de acordo com a missão e os objetivos da instituição.

Independentemente do conceito dado ao termo estratégia, algumas **palavras-chave** se destacam, diminuindo a amplitude desses conceitos e tornando-os sinônimos, como:

- missão;
- objetivos;
- mudanças;
- integração;
- desempenho;
- resultados;
- competitividade;
- adequação organizacional;
- posicionamento.

Fique atento

A evolução da estratégia foi de grande auxílio para o âmbito empresarial. É claro que uma organização pode optar por elaborar ou não estratégias; entretanto, no momento em que não existe um caminho definido a seguir, qualquer direção servirá, podendo ocorrer percalços que poderiam ser evitados se houvesse um planejamento estratégico guiando a empresa para um rumo mais assertivo. A partir de metas organizadas e bem aproveitadas, é possível visualizar o que está sendo realizado e o que poderá ser alcançado.

Os 5 Ps da estratégia

Segundo Mintzberg (2006), atualmente a palavra estratégia é muito utilizada pelos líderes nas empresas, que acabam empregando o seu conceito no desenvolvimento das suas atividades. Apesar de essa palavra ter diferentes conotações, como vimos anteriormente, ela tem sido empregada com um único sentido.

A estratégia não nasceu hoje, mas vem sendo estudada pelos acadêmicos há mais de quatro décadas. Na Administração, os principais autores, como Wright, a definem como táticas dos gestores para alcançar bons resultados, tendo como base a missão e os objetivos da instituição. Assim, esse conceito passou a ser difundido, estando presente em diversos relatórios corporativos. Porém, a estratégia vai muito além de tal definição e compreende, mais especificamente, cinco tipos ou aspectos para sua compreensão, conforme estabelecem Mintzberg, Ahlstrand e Lampel (2010). Esses autores definem os **5 Ps da estratégia** como características essenciais para o seu entendimento, realizando algumas inter-relações. São eles: plano, pretexto, padrão, posição e perspectiva.

Estratégia como plano e padrão

A maioria dos indivíduos explica a estratégia como um **plano**, uma direção, uma orientação a ser seguida para desempenhar uma atividade futura, um **caminho a ser percorrido**. Mas, ao serem indagados sobre a estratégia que a empresa em que trabalham, ou do seu concorrente, seguiu no decorrer dos últimos anos, exemplificando o que realmente aconteceu, e não o que pretendiam ter realizado, as pessoas acabam respondendo desviando-se da definição que instituíram para a palavra estratégia. Isso ocorre porque, muitas vezes, classificamos a estratégia de uma maneira e a utilizamos de outra, conforme lecionam Mintzberg, Ahlstrand e Lampel (2010).

Mintzberg, Ahlstrand e Lampel (2010) afirmam que a estratégia pode ser um **padrão**, ou seja, uma **uniformidade de comportamento** no decorrer de um período. Para que você entenda de uma forma prática, imagine uma instituição que venda sempre os itens mais caros do seu segmento — essa empresa estará seguindo a estratégia de extremidade superior. Outro exemplo seria um indivíduo que sempre aceita realizar as atividades mais desafiadoras — essa pessoa segue uma estratégia de alto risco. É possível perceber que ambas as explicações usuais para a palavra estratégia estão corretas, pois as empresas desenvolvem um **planejamento** para o seu futuro, mas também utilizam **padrões** do seu passado. Assim, é possível chamar uma delas de **estratégia pretendida** (planejamento) e a outra de **estratégia realizada** (padrão). Entretanto, será que todas as estratégias realizadas foram pretendidas?

Mintzberg, Ahlstrand e Lampel (2010) salientam que muitas organizações acabam desenvolvendo várias estratégias pretendidas que, na prática, nem sempre são efetuadas. Isso ocorre principalmente devido ao ambiente efêmero no qual estão envolvidas; ou seja, ao longo do período, a empresa necessita adaptar-se ao cenário do momento, muitas vezes se desviando das estratégias pretendidas anteriormente. O momento atual exige que as organizações pensem à frente do seu tempo, adaptando-se durante o percurso.

Se pensarmos em um período de cinco anos, é possível perceber que, independentemente da empresa, a maioria delas não conseguirá realizar todas as intenções previamente pensadas para o decorrer desse tempo, ou não atingirão perfeitamente aquilo que pensaram. Além disso, muitas instituições nem sequer realizarão qualquer das estratégias pretendidas, alterando totalmente seu foco e desempenhando estratégias bem diferentes, conforme lecionam Mintzberg, Ahlstrand e Lampel (2010).

Deliberado e emergente

Segundo Mintzberg, Ahlstrand e Lampel (2010), quando existe um padrão realizado que não corresponde à estratégia que tinha sido decidida anteriormente, esse padrão passa a ser denominado **estratégia emergente**. Essas estratégias geralmente surgem quando são tomadas decisões que convergem, com o tempo, para alguma forma de padrão ou coerência. Por exemplo, uma empresa, em vez de desempenhar o plano (estratégia) de diversificação, resolve testar o mercado antecipadamente, tomando decisões de diversificação aos poucos. Nesse caso, primeiramente ela vai adquirir um hotel urbano, em seguida um restaurante, logo após um *resort*, ampliando sua compra, então, para outro hotel urbano com restaurante, depois mais um, até que tenha entrado totalmente em uma estratégia padrão de diversificar hotéis urbanos com restaurantes, conforme explicam Mintzberg, Ahlstrand e Lampel (2010).

Percebe-se que são mínimas, ou mesmo nenhuma, as estratégias que são totalmente deliberadas ou emergentes. Uma caracteriza-se por nenhum aprendizado, já a outra, por controle nenhum. Em um ambiente de constantes mudanças, sejam elas políticas, econômicas, do perfil de consumidores, das tendências, etc., torna-se essencial que sejam mesclados dois aspectos extremamente relevantes, que é exercer o controle promovendo o aprendizado, conforme lecionam Mintzberg, Ahlstrand e Lampel (2010). Os autores salientam que nem sempre as estratégias deliberadas serão efetivas ou as emergentes serão ruins. Para que exista uma eficácia, torna-se indispensável que os gestores pensem sobre as condições existentes, principalmente a capacidade de prever e, também, a indispensabilidade de reagir a situações inesperadas.

Estratégia como posição e perspectiva

Mintzberg, Ahlstrand e Lampel (2010) trazem o exemplo de um novo produto que o McDonald's colocou no mercado, chamado de Egg McMuffin, para facilitar o entendimento sobre estratégias como posições e perspectivas. O Egg McMuffin nada mais é do que o *american breakfast* (café da manhã americano) em forma de bolo e tem como intuito trazer o público para os restaurantes também no período da manhã. Isso significa uma mudança de estratégia? Muitos indivíduos entenderam apenas como sendo um produto em uma embalagem diferente, não modificando seu ideal. Entretanto, outras pessoas entenderam como uma mudança de estratégia da empresa, colocando o McDonald's no mercado de *breakfast*. Essa diferença de visão entre os indivíduos ocorre pela sua **percepção**, isto é, pelo que elas definem implicitamente como conteúdo da estratégia.

Por outro lado, percebe-se que algumas pessoas entendem a estratégia como **posição**, isto é, como a localização de certos itens em determinados mercados — nesse caso, o mercado de *breakfast*. Já outras entendem a estratégia como **perspectiva**, isto é, a forma fundamental de uma instituição realizar suas atividades ou produtos — nesse caso, a maneira do McDonald's. No caso do Egg McMuffin, o McDonald's introduziu com sucesso seu novo produto, todavia, a posição estava em concordância com a perspectiva existente, conforme afirmam Mintzberg, Ahlstrand e Lampel (2010).

Na Figura 1, observa-se que a estratégia como posição tem uma visão para baixo, para o "x", que designa o ponto em que o item encontra o consumidor, e para fora, pois observa o mercado. Já a estratégia como perspectiva olha para dentro da organização e da mente dos estrategistas e para cima, observando o todo da organização, conforme lecionam Mintzberg, Ahlstrand e Lampel (2010).

Figura 1. Estratégias como posição e como perspectiva.
Fonte: Mintzberg, Ahlstrand e Lampel (2010, p. 28).

Estratégia como pretexto

Segundo Mintzberg, Ahlstrand e Lampel (2010), além das quatro definições de estratégias apresentadas, ou seja, plano, padrão, posição e perspectiva, uma quinta também está sendo utilizada, denominada como **pretexto**, isto é, um truque, uma manobra singular para enganar um concorrente. Por exemplo, um hipermercado pode comprar um terreno a fim de passar a impressão para seu concorrente de que estará construindo uma nova unidade, ou seja, expandindo sua capacidade, desencorajando o mesmo de estruturar seu novo negócio em tal local. Percebe-se que a estratégia, para essa empresa, consiste em uma ameaça, e não uma expansão, colocando em prática um truque para inibir sua concorrência.

Fique atento

O entendimento de cada tipo de estratégia se torna essencial para que as organizações entendam como se posicionar em cada circunstância, apresentando, assim, um planejamento estratégico bem alinhado e eficaz, que conduz a execução dos objetivos estabelecidos.

Pensamento estratégico e as demandas corporativas

Um dos termos mais utilizados nas decisões de gestão atuais é estratégia, presente em todas as atividades que as organizações desempenham. Algumas empregam a estratégia de maneira estruturada, outras por intermédio da percepção do gestor sobre o mercado, principalmente de lideranças com características empreendedoras, conforme lecionam Mintzberg, Ahlstrand e Lampel (2000). Assim, torna-se imprescindível que os líderes empreguem a estratégia de modo eficaz e eficiente, a fim de alcançar os efeitos esperados e, como consequência, elevar o faturamento, tendo em vista que este não deve ser o ponto central, mas um efeito de uma gestão bem-feita.

Nesse sentido, o **pensamento estratégico** está cada vez mais presente nas instituições. Para Tavakoli e Lawton (2005), tal reflexão cognitiva pode e deve preceder as definições estratégicas e as atuações empresariais. O pensamento estratégico acontece quando um indivíduo observa o futuro de uma instituição, levando em consideração os seus fatores ambientais e as suas competências essenciais. Para Goldman et al. (2009), o pensamento estratégico é a ação do indivíduo de refletir sobre as vantagens das empresas, a fim de enxergar e desenvolver estratégias competitivas para posicionar a instituição em outro patamar.

Fique atento

Pensar de forma estratégica vai muito além de aprontar um plano estratégico, com o auxílio de métodos para alcançar objetivos. O pensamento estratégico inclui o pensar que colabora para o todo, para concepções indispensáveis que focalizam a direção futura de uma empresa com base no ambiente, adiantando as suas condições.

Para que o pensamento estratégico seja classificado como efetivo, Belmiro (2003) diz que o mesmo necessita ser partilhado com diversas pessoas, estabelecendo-se uma ação capaz de ser dirigida através da instituição. Torna-se fundamental oferecer uma teoria de mudança e incerteza contínua do atual cenário para ser tratada, e não uma abordagem estipulada a partir da análise de apenas alguns critérios.

No decorrer do tempo, as organizações se transformaram em instituições resolutivas e passaram por diversas modificações, conforme elencam Hamel e Prahalad (1995):

- passaram a delegar atividades tradicionais da matriz, como o planejamento estratégico e a administração de recursos humanos, para as outras unidades da instituição;
- deixaram de realizar ações tangencias para se concentrar em suas ações essenciais;
- passaram a incentivar os riscos pessoais, a destacar a responsabilidade individual e a valorizar a liberdade operacional dos colaboradores;
- passaram a modificar a hierarquia organizacional, visando à eficiência e eficácia.

Para Certo (2003), o **planejamento** é a atividade gerencial básica de uma organização, que deve anteceder todas as demais e ser a base para as ações dos gestores, que devem influenciar, organizar e controlar. Um programa de planejamento poderá proporcionar vantagens e desvantagens para a empresa. Os benefícios abrangem propiciar melhores decisões, auxiliar os gestores a se orientarem para o futuro e destacar os objetivos organizacionais, que são o ponto de largada para o planejamento. Além disso, o planejamento contribui para a criação de um norte para alcançar os objetivos e as metas da organização. As desvantagens geralmente acontecem quando o planejamento não é bem estruturado ou quando é utilizado incorretamente. A administração estratégica é uma ação contínua e interativa que objetiva conservar uma instituição como um conjunto incorporado a seu ambiente.

Algumas **etapas para realizar o planejamento estratégico** devem ser seguidas, como:

1. realização da análise ambiental;
2. criação de uma direção organizacional;
3. elaboração e implementação de uma estratégia organizacional;
4. execução do controle estratégico.

Entretanto, também existe a necessidade de o gestor ser criativo e flexível na composição das ações, ajustando-as da melhor forma às carências da instituição, conforme lecionam Certo e Peter (1993).

Ansoff (1990) comenta que a elaboração da estratégia competitiva, por meio de suas regras, poderá auxiliar a organização a alcançar todos os objetivos designados para cada área do seu negócio, garantindo maiores chances de sucesso. O principal propósito da inserção de estratégias competitivas na organização diz respeito ao crescimento da empresa, apresentando como consequência custos menores. Há alguns anos, a única estratégia para bons resultados consistia em diminuir os custos dos itens da organização e vendê-los a um valor igual ou menor aos da concorrência. Entretanto, essa conduta ocasionava a otimização da participação de mercado da instituição, tornando-se uma estratégia de posição ou de participação de mercado.

Para Porter (2009), a estratégia deve ter como ponto central a concentração, e não o aumento do faturamento. Assim, comenta que a estratégia competitiva consiste nos processos defensivos ou ofensivos para gerar uma colocação defensável no mercado, a fim de encarar com sucesso a concorrência e, dessa maneira, alcançar um retorno mais elevado sobre o que foi investido. Uma das formas mais utilizadas pelas empresas para competir é a estratégia do custo. Nessa estratégia, a organização foca seus esforços na busca pela eficiência produtiva, na elevação da produção e na diminuição de gastos com propaganda, distribuição, pesquisa e desenvolvimento, assistência técnica, entre outras áreas, e tem no preço um dos mais importantes atrativos para os clientes. A diferenciação também é uma estratégia comumente empregada pelas organizações. Aqui, a instituição aplica seus esforços em imagem, assistência técnica, distribuição, pesquisa e desenvolvimento, tecnologia, recursos humanos, qualidade e pesquisa de mercado, com o intuito de gerar diferenciais para o consumidor, conforme explica Porter (2009). Na estratégia da competitividade, Porter defende a escolha de um alvo restrito, o custo ou a diferenciação. Assim, a instituição vai se aprimorar no atendimento a nichos de mercado ou a segmentos.

Saiba mais

O pensamento estratégico se tornou uma das premissas para que as empresas se mantenham firmes no ambiente inconstante em que estão inseridas. As preferências dos consumidores, a economia e as tendências em geral estão em constante mudança, exigindo que as instituições se adaptem rapidamente a esse cenário. Assim, surge o planejamento estratégico como forma de antever algumas situações e auxiliar as empresas, por meio do estabelecimento de premissas a serem seguidas. Leia o artigo "O papel do pensamento estratégico na visão de futuro das organizações", disponível no *link* abaixo ou no código QR ao lado, para entender um pouco mais sobre esse assunto.

https://goo.gl/2fZFBN

Fique atento

As mudanças no ambiente organizacional, ocasionadas pelo crescimento financeiro, além de gerarem a necessidade de relacionamentos efetivos com o público-alvo e os fornecedores, exigem que as empresas instituam nas suas atividades o pensamento estratégico, a fim de suprir a necessidade de uma maior flexibilidade nas suas ações. Esse novo cenário traz um elevado grau de incertezas e riscos. Assim, o planejamento estratégico se constitui como um modo de sistematizar as decisões com o propósito de manter a instituição estável para atingir sua sobrevivência, conforme leciona Bethlem (2003).

Exercícios

1. Como você sabe, o conceito de estratégia evoluiu muito ao longo dos anos. Mintzberg (2006) afirma que, atualmente, a estratégia pode ser também considerada um plano ou padrão que une as táticas, políticas e atividades sequenciais de uma empresa de forma coerente com seu todo. Entretanto, a origem do termo se deu na Grécia Antiga. Qual era o entendimento referente à estratégia naquela época?
a) Plano ou padrão que une táticas.
b) Habilidades gerenciais.
c) Arte do general.
d) Táticas comerciais.
e) Plano ou padrão que une políticas.

2. Para que a estratégia elaborada seja efetiva, qual das opções abaixo deve ser observada e levada em consideração pelas empresas no momento de sua formulação?
   a) Missão e objetivos da organização.
   b) Segmento.
   c) Público-alvo.
   d) Visão dos gestores.
   e) Mercado em que estão inseridas.

3. Segundo Mintzberg (2006), atualmente a palavra estratégia é muito utilizada pelos líderes nas empresas, que acabam empregando seu conceito no desenvolvimento de suas atividades. Quais são os 5 Ps da estratégia utilizados para o desenvolvimento do planejamento estratégico?
   a) Pretexto, padrão, praça, posição e perspectiva.
   b) Plano, pretexto, padrão, posição e perspectiva.
   c) Produto, pretexto, plano, padrão e posição.
   d) Padrão, posição, produto, praça e plano.
   e) Perspectiva, pretexto, padrão, praça e plano.

4. A empresa de tecnologia em que você trabalha está crescendo; com isso, uma das estratégias da instituição foi adquirir um novo sistema de gestão de pessoas para facilitar os processos diários. Como podemos definir essa estratégia?
   a) Estratégia como padrão.
   b) Estratégia como perspectiva.
   c) Estratégia como posição.
   d) Estratégia como pretexto.
   e) Estratégia como plano.

5. Atualmente a concorrência se encontra acirrada no mercado. São diversas as empresas que oferecem os mesmos produtos com valores semelhantes. Assim, segundo Porter (2009), de que forma a estratégia competitiva poderá auxiliar nesse processo?
   a) Por meio do pensar que colabora para o todo, para concepções indispensáveis que focalizam a direção futura de uma empresa com base no ambiente, adiantando suas condições.
   b) Por meio de processos defensivos ou ofensivos para gerar uma colocação defensável no mercado, a fim de encarar com sucesso a concorrência e, dessa maneira, alcançar um retorno mais elevado sobre o que foi investido.
   c) Por meio de concepções indispensáveis que focalizam a direção futura de uma empresa com base no ambiente, adiantando suas condições.
   d) Por meio do compartilhamento de informações com diversas pessoas, estabelecendo-se uma ação capaz de ser dirigida através da instituição.
   e) Por meio da reflexão sobre as vantagens das empresas, a fim de enxergar e desenvolver estratégias competitivas para posicionar a instituição em outro patamar.

Referências

ANSOFF, I. H. *Administração estratégica*. São Paulo: Atlas, 1990.

BELMIRO, J. Estratégias emergentes. In: CAVALCANTI, M. (Org.). *Gestão estratégica de negócios:* evolução, cenários, diagnóstico e ação. São Paulo: Pioneira Thomson Learning, 2003.

BETHLEM, A. *Evolução do pensamento estratégico no Brasil:* texto e casos. São Paulo: Atlas, 2003.

CABRAL, A. C. A. A evolução da estratégia: em busca de um enfoque realista. In: ENANPAD, 22., 1998, Foz do Iguaçu. *Anais...* Paraná: ANPAD, 1998.

CERTO, S. C. *Administração moderna*. 9. ed. São Paulo: Prentice Hall, 2003.

CERTO, S. C.; PETER, J. P. *Administração estratégica:* planejamento e implantação da estratégia. São Paulo: Makron Books, 1993.

GHEMAWAT, P. *A estratégia e o cenário dos negócios:* texto e casos. Porto Alegre: Bookman, 2000.

GOLDMAN, E.; CAHILL, T.; FILHO, R. P. Experiences that develop the ability to think strategically. *Journal Of Healthcare Management*, v. 54, n. 6, p. 403-416, 2009.

GRAVE, P. S.; MENDES, A. Pensamento estratégico contemporâneo: possíveis fundamentos antigos da estratégia como uma medida administrativa atual ou em busca do elo perdido? In: ENANPAD, 25., 2001, Campinas. *Anais...* São Paulo: ANPAD, 2001.

HAMEL, G.; PRAHALAD, C. K. *Competindo pelo futuro:* estratégias inovadoras para obter o controle do seu setor e criar os mercados de amanhã. 15. ed. Rio de Janeiro: Campus, 1995.

MEIRELLES, A. M. O planejamento estratégico no Banco Central do Brasil e a viabilidade estratégica em uma unidade descentralizada da autarquia: um estudo de caso. Dissertação (Mestrado em Administração) — CEPEAD/FACE/UFMG, Universidade Federal de Minas Gerais, Belo Horizonte, 1995.

MICHEL, K. Esboço de um programa de desenvolvimento administrativo intrafirma para a administração estratégica. In: ANSOFF, H.; DECLERCK, R.; HAYES, R. (Org.). *Do planejamento estratégico à administração estratégica*. São Paulo: Atlas, 1990.

MINTZBERG, H. *O processo da estratégia*. Porto Alegre: Bookman, 2006.

MINTZBERG, H.; AHLSTRAND, B.; LAMPEL, J. *Safari da estratégia*. Porto Alegre: Bookman, 2010.

PORTER, M. E. *Competição*. Rio de Janeiro: Elsevier, 2009.

TAVAKOLI, I.; LAWTON, J. Strategic thinking and knowledge management. *Handbook of Business Strategy*, v. 6, n. 1, 155-160, 2005.

THOMPSON JUNIOR, A. A.; STRICKLAND, A. J. *Planejamento estratégico:* elaboração, implementação e execução. São Paulo: Pioneira, 2000.

WRIGHT, P.; KROLL, M. J.; PARNELL, J. *A administração estratégica:* conceitos. 4. ed. São Paulo: Atlas, 2000.

Leituras recomendadas

CARNEIRO, M. Conheça os 5 Ps da estratégia segundo Mintzberg. *Facilit Tecnologia*, 1 ago. [2016]. Disponível em: <http://facilit.com.br/blog/2016/08/01/5ps-da-estrategia-mintzberg/>. Acesso em: 5 set. 2018.

MINTZBERG, H. et al. *O processo da estratégia:* conceitos, contextos e casos selecionados. 4. ed. Porto Alegre: Artmed, 2006.

O PAPEL do pensamento estratégico na visão de futuro das organizações. *Alfaiate*, São Paulo, 14 out. 2016. Disponível em: <http://alfaiate.cc/index.php/2016/10/14/o-papel-do-pensamento-estrategico-na-visao-de-futuro-das-organizacoes/>. Acesso em: 5 set. 2018.

Escolas do pensamento estratégico

Objetivos de aprendizagem

Ao final deste texto, você deve apresentar os seguintes aprendizados:

- Identificar as escolas do pensamento estratégico.
- Definir as escolas de natureza prescritiva e por que são assim classificadas.
- Descrever quais escolas são de natureza descritiva e por que são assim classificadas.

Introdução

A estratégia organizacional se tornou ferramenta indispensável para que as empresas se mantenham estáveis em um mercado repleto de oscilações econômicas, políticas e sociais. Assim, são muitos os estudiosos que debatem acerca do processo de formulação de uma estratégia. Dentre eles, Mintzberg, Ahlstrand e Lampel (2010) reuniram diferentes ideias e as classificaram nas chamadas 10 escolas do pensamento estratégico, organizadas em três grandes grupos: prescritivas, descritivas e integrativas (escola da configuração). Embora sejam distintas entre si, as conclusões de cada escola complementam-se e contribuem para a formação da estratégia de uma organização, de modo a direcionar as suas escolhas conforme o momento ou a situação em que a instituição se encontra.

Neste capítulo, estudaremos as escolas do pensamento estratégico que mencionamos anteriormente com vistas a identificarmos em qual natureza cada uma está inserida, seja ela prescritiva ou descritiva, além de entendermos os motivos que levam a essa classificação.

Escolas e as suas estratégias

Mintzberg, Ahlstrand e Lampel (2010) afirmam que a definição de estratégia é tão ampla que foi necessário dividi-la em diversas partes para, assim, compreendermos o todo abarcado pelo seu conceito. Para isso, os autores propõem que reflitamos sobre o tema a partir de 10 escolas de pensamento, que nos direcionam ao entendimento completo acerca do conceito de estratégia quando somadas, já que constituem um panorama.

Trata-se de 10 maneiras diferentes de perceber o que é estratégia, sendo que a maior parte focaliza naquilo que ocorre na prática gerencial. Cada fragmento conta com uma perspectiva única que enfatiza um dos pontos indispensáveis no processo de formulação estratégica. Entretanto, cada uma dessas perspectivas configura-se mediante certo grau de restrição e, ao mesmo tempo, exagero. Em contrapartida, elas também são criteriosas e interessantes (MINTZBERG; AHLSTRAND; LAMPEL, 2010).

No Quadro 1, você pode visualizar as 10 escolas do pensamento estratégico e captar a visão que cada uma possui do processo de estratégia por meio do adjetivo atribuído a ela. Essa síntese nos servirá como introdução ao estudo pormenorizado de cada uma das escolas ao longo deste capítulo.

Quadro 1. As escolas do pensamento estratégico

Escola	Estratégia como processo:
Escola do *design*	de concepção.
Escola do planejamento	formal.
Escola do posicionamento	analítico.
Escola empreendedora	visionário.
Escola cognitiva	mental.
Escola do aprendizado	emergente.
Escola do poder	de negociação.
Escola cultural	coletivo.
Escola ambiental	reativo.
Escola da configuração	de transformação.

Fonte: Adaptado de Mintzberg, Ahlstrand e Lampel (2010).

Escola do *design*

Trata-se da escola mais influente no processo de formulação da estratégia. A escola do *design* tem como objetivo alcançar uma adequação entre as capacidades internas e as possibilidades externas. É muito conhecida e bastante utilizada nos cursos de graduação e mestrado, além de ser praticada na administração estratégica.

Uma das suas diretrizes mais populares é identificada pela sigla **SWOT**, que indica *strenghts, weaknesses, opportunities and threats* ou, em língua portuguesa, forças, fraquezas, oportunidades e ameaças. Como o próprio termo da diretriz sugere, são examinados os pontos fortes e fracos, além das oportunidades e ameaças das empresas. Segundo essa concepção, a formulação da estratégia é realizada pela alta cúpula administrativa da organização, de forma que se configura como um procedimento executado com pensamento consciente, que não é totalmente intuitivo nem analítico, de maneira que seja possível que todos implementem a estratégia (MINTZBERG; AHLSTRAND; LAMPEL, 2010).

Escola do planejamento

Segundo Mintzberg, Ahlstrand e Lampel (2010), os preceitos dessa escola advêm de Kenneth R. Andrews e Igor Ansoff, tendo em vista que a maioria das suas ideias se baseia na escola de *design* e, ademais, adiciona à concepção o entendimento de que o processo estratégico também é formal, não somente cerebral. A adição dessa formalidade expressa que o processo estratégico pode ser desconstruído em partes diferenciadas, traçado por linhas de investigação e suportado por procedimentos como planos operacionais, programas, orçamento, etc.

Escola do posicionamento

Esse pensamento estratégico foi incentivado por Michael Porter, que exerce o olhar de que a estratégia se limita a posições genéricas elegidas por intermédio de estudos formalizados das situações das empresas, como as avaliações realizadas por meio do modelo das **cinco forças competitivas**, por exemplo. Para essa escola, uma grande análise da organização e uma investigação detalhada dos ambientes interno e externo da empresa devem ser realizadas (MINTZBERG; AHLSTRAND; LAMPEL, 2010).

Escola empreendedora

Mintzberg, Ahlstrand e Lampel (2010) explicam que, embora a escola empreendedora apresente alguns detalhes de prescrição como, por exemplo, centralizar o processo estratégico no líder da organização, ela diferente das demais, pois fundamenta as suas ações na intuição. Com isso, a estratégia passa a ser entendida por intermédio de metáforas, de modo a apresentar perspectivas amplas ou visões vagas, não sendo mais vista como planos, projetos ou posições precisas. O líder apresenta controle total sobre a implementação da visão que elaborou e possui todo o processo estratégico, que é um processo visionário do líder.

Escola cognitiva

Essa escola procura o começo das estratégias ao investigar os processos mentais da formação delas. A escola cognitiva investiga as estratégias que se desenvolvem na mente dos indivíduos com o intuito de classificar e organizar os processos mentais por meio de mapas, esquemas, conceitos, modelos e estruturas. Assim, o seu estudo é realizado mediante o pressuposto de que a mente do ser humano processa a informação, esquematiza a estrutura do conhecimento e conquista a criação de concepções, o que evidencia a cognição na formulação da estratégia.

Outra vertente desse processo de pensamento estratégico direciona os seus estudos para a maneira como a cognição é utilizada para desenvolver estratégias por meio de interpretações e não apenas por intermédio de visões objetivas ou distorcidas. A escola cognitiva objetiva apurar o processo mental de criação das estratégias ao investigar a sua constituição na mente do estrategista (MINTZBERG; AHLSTRAND; LAMPEL, 2010).

Escola do aprendizado

A escola do aprendizado percebe a estratégia com um processo emergente que se constitui em toda a empresa por meio dos seus componentes de forma individual ou em grupo. Com isso, acredita que as estratégias ocorrem a partir de padrões comportamentais realizados pela empresa, de maneira que não existe mais a divisão entre formulação e implementação da estratégia.

Em suma, as estratégias se tornam o aprendizado da empresa e surgem a partir do fluxo dos atos organizacionais (MINTZBERG; AHLSTRAND; LAMPEL, 2010).

Escola do poder

Mintzberg, Ahlstrand e Lampel (2010) ensinam que a escola do poder centraliza a formação da estratégia no processo de negociação, que se decompõe em duas esferas. A primeira é conhecida como **micropoder** e compreende o desenvolvimento da estratégia dentro das empresas como um acontecimento político, de maneira que o processo de formulação abrange persuasão, barganha e confrontação entre os indivíduos que possuem poder na instituição. A segunda esfera é chamada de **macropoder** e concebe a organização como uma entidade que utiliza o seu poder sobre as outras empresas ou parceiros com vistas a criar redes de relacionamento para negociar estratégias coletivas que gerem vantagens para a organização.

Escola cultural

Mintzberg, Ahlstrand e Lampel (2010) comentam que a escola cultural é um processo social baseado em cultura. Essa escola gira em torno dos interesses comuns e da integração no âmbito da empresa. A cultura organizacional está diretamente relacionada à cognição coletiva definida pela mente da empresa, exteriorizada por meio das crenças dos indivíduos, que se retratam em hábitos, tradições, símbolos e inclusive no local, no ambiente e nos produtos da organização. Dessa forma, a cultura se torna responsável pela constituição da estratégia e não apoia as mudanças estratégicas.

Escola ambiental

A escola ambiental trata a estratégia como um processo reativo, isto é, a empresa é considerada passiva, pois despende tempo ao enfrentar um ambiente que determina a ordem a ser seguida. Julga que o ambiente define as estratégias por meio da estabilidade ou instabilidade, além de determinar as ameaças políticas e ideológicas com as quais a organização pode deparar-se (MINTZBERG; AHLSTRAND; LAMPEL, 2010).

Escola da configuração

A escola da configuração compreende a estratégia como um processo de transformação. Assim, as empresas passam a ser entendidas como configurações, ou seja, grupos coerentes de comportamentos e particularidades. Para transformar uma instituição, ela deve passar de uma configuração para outra, de modo que uma mudança estratégica suceda. A partir da configuração realizada, essa escola pressupõe uma estratégia a ser seguida, de modo que a compreensão da configuração organizacional é o ponto central para o desenvolvimento da estratégia da empresa (MINTZBERG; AHLSTRAND; LAMPEL, 2010).

Fique atento

Todas as 10 escolas do pensamento estratégico colaboram para o desenvolvimento da estratégia de uma organização, uma vez que se perpassam e se complementam, de forma que podem ser adotadas segundo a circunstância ou o momento em que a empresa se encontra, atendendo às necessidades reais que se apresentam naquele momento específico. Por isso, Mintzberg, Ahlstrand e Lampel (2010) iniciam o seu livro com a fábula "Os cegos e o elefante". Afinal, para formular a sua estratégia competitiva, a organização deve buscar o melhor e mais adequado entre os preceitos das 10 escolas, de modo que a formação da estratégia seja híbrida e compreenda tanto os processos deliberados, conscientes e analítico-formais como os inconscientes, intuitivos e informais.

Para ler a fábula "Os cegos e o elefante", acesse o *link* a seguir.

https://goo.gl/CTA8oz

Escolas de natureza prescritiva

Segundo Mintzberg, Ahlstrand e Lampel (2010), a maior parte do estudo e do ensino de administração estratégica concentra-se no lado racional e prescritivo do processo, o que se dá com base nas três primeiras escolas do pensamento estratégico: *design*, planejamento e posicionamento. As escolas de natureza prescritiva preocupam-se, principalmente, em definir como a estratégia deve ser formulada ao se considerar o que ocorre diariamente na empresa. Essa natureza se preocupa em descrever fórmulas gerais para a criação das estratégias das organizações.

A escola do *design* procura acomodar as capacidades internas da organização com as possibilidades externas, colocando a empresa na sua esfera. A escola do planejamento formaliza a empresa e auxilia no desenvolvimento, na execução e no controle das estratégias. A escola do posicionamento, por sua vez, relata que, antes do planejamento estratégico, é necessária a análise da organização e do ambiente em que está inserida (MINTZBERG; AHLSTRAND; LAMPEL, 2010).

Portanto, a **escola do *design*** prevê que:

- o desenvolvimento do processo estratégico deve ocorrer de maneira deliberada do pensamento consciente;
- o estrategista sempre é o principal líder da organização;
- a elaboração da estratégia deve ser conservada de maneira simples e informal;
- as estratégias precisam ser únicas e as melhores originam-se de um processo de *design* único;
- o processo de *design* só está concluído quando as estratégias aparentam estar plenamente desenvolvidas como perspectiva;
- as estratégias necessitam ser claras e para isso devem ser mantidas simples;
- apenas após estarem completamente desenvolvidas é que as estratégias podem ser implementadas.

Por sua vez, a **escola do planejamento** determina que:

- as estratégias devem originar-se de uma metodologia comedida e consciente de planejamento formal, divido em etapas diferenciadas, cada uma composta por uma *checklist* e constituída por técnicas;
- o líder principal é responsável por todo processo, enquanto a execução é de responsabilidade dos planejadores;
- as estratégias se encontram prontas e devem ser apresentadas para que possam ser implementadas.

Por fim, a **escola do posicionamento** define que:

- estratégias são posições genéricas, populares e reconhecíveis no mercado;
- o contexto no qual a empresa está inserida (mercado) é competitivo;
- a maneira como a estratégia é desenvolvida fundamenta-se na seleção de pontos de vista genéricos que se apoiam em cálculos analíticos;
- os analistas realizam uma tarefa indispensável no processo do pensamento estratégico, pois difundem os resultados dos seus cálculos aos líderes, que selecionam as opções;
- as estratégias partem do processo de desenvolvimento diretamente para serem planejadas e implementadas.

Assim, percebemos que essas três escolas são classificadas de acordo com a natureza prescritiva porque apresentam objetivos que se preocupam, sobretudo, com a descrição do processo de formulação das estratégias, ou seja, como as estratégias devem ser formuladas frente à observação das características específicas do processo.

Saiba mais

Entender a natureza de cada escola pode facilitar a compreensão dos pensamentos que a organização escolhe seguir no desenvolvimento do seu planejamento estratégico. Dentre elas, a **escola da configuração** constitui-se como a única que compreende as duas naturezas, a prescritiva e a descritiva, visto que integra os princípios propostos em ambas.

Escolas de natureza descritiva

As escolas de natureza descritiva costumam voltar a sua análise para a maneira como as estratégias são formuladas, direcionando as suas considerações e explanações aos inúmeros acontecimentos que podem gerar as estratégias organizacionais. A implementação acontece somente após a formulação consistente, que é o contrário do que sucede nas escolas de natureza prescritiva.

Trata-se de seis escolas no total: empreendedora, cognitiva, do aprendizado, do poder, cultural e ambiental. Os seus esforços buscam a análise de como as estratégias se formam de fato. Nesse sentido, a escola empreendedora enxerga o desenvolvimento da estratégia como um processo visionário, totalmente dependente da intuição do líder. Já a escola cognitiva retrata que a criação da estratégia é um processo mental, pois as pessoas recebem informações do mundo exterior e desenvolvem uma estratégia nas suas próprias mentes. A escola do aprendizado considera que o processo de produzir e desempenhar as estratégias é um método estruturado no conhecimento e, logo, um processo de aprendizagem. A escola do poder entende o desenvolvimento da estratégia como um processo de negociação, tendo influência direta da política e do poder (micro e macro). A escola cultural, no que lhe concerne, percebe as estratégias como provindas de um processo coletivo de interação social e das compreensões dos indivíduos da empresa. Por fim, na escola ambiental, a formação da estratégia é vista como um processo reativo, ou seja, a instituição reage ao ambiente, originando a estratégia a partir do que ele evidencia (MINTZBERG; AHLSTRAND; LAMPEL, 2010).

A seguir, apresentaremos os princípios presentes em cada escola de natureza descritiva, de forma que seja possível identificarmos porque elas são classificadas de acordo com essa natureza.

A **escola empreendedora** prevê que:

- a estratégia surge na mente do líder como perspectiva, um entendimento de direção de longo prazo, uma visão acerca do futuro da empresa;
- o processo de desenvolvimento da estratégia é semiconsciente, estabelecido pela intuição e pela experiência do líder;
- o líder impulsiona a visão de maneira decidida e retém o controle da implementação da estratégia;
- a visão estratégica é flexível, de modo que detalhes podem ser acrescentados no seu emprego;
- a organização também é flexível, sendo uma estrutura simples e receptiva aos preceitos estabelecidos pelo líder;
- a estratégia empreendedora inclina-se a tornar-se um nicho a fim de que a sua posição no mercado proteja a organização das forças dos concorrentes diretos.

Já a **escola cognitiva** compreende que:

- o desenvolvimento da estratégia é um procedimento cognitivo que ocorre na mente do líder;
- as estratégias surgem como perspectivas que adaptam o jeito como os indivíduos enfrentam as informações transmitidas pelo ambiente;
- as informações do ambiente podem ser corrompidas ao passar pelo filtro de mapas, estruturas e esquemas, uma vez que o mundo passa a ser visto por meio desses modelos e, portanto, pode ser moldado, estruturado e construído;
- a efetivação das estratégias é complicada e, quando ocorre, não alcança um grau elevado de satisfação, sendo difícil alterá-la em caso de necessidade.

A **escola do aprendizado**, por sua vez, defende que:

- o desenvolvimento da estratégia necessita apropriar-se da forma de um processo de aprendizado no decorrer do tempo a fim de que a

formulação e a implementação tornem-se conjuntas e irreconhecíveis separadamente;
- todos os colaboradores devem aprender, não apenas o líder;
- o aprendizado ocorre de maneira emergente, posto que as determinações estratégicas são realizadas pelos indivíduos que possuem capacidades e recursos para aprender, de forma que a estratégia pode estar em todos os lugares e de forma incomum;
- os líderes não precisam mais idealizar as estratégias, mas devem administrar o processo de aprendizado estratégico;
- as estratégias surgem, primeiramente, como padrões do passado, depois como planos para o futuro e, por fim, como perspectivas para orientar o comportamento geral.

Já a **escola do poder** prevê que:

- o desenvolvimento da estratégia é esculpido por meio do poder e da política;
- as estratégias que se originam desse processo tendem a ser emergentes e deixam de ter uma posição de perspectiva para assumir a forma de posições e meios de iludir;
- na visão micro, o desenvolvimento da estratégia é visto como a interação por meio de barganha, jogos políticos ou persuasão que ocorre por determinando período;
- na visão macro, a organização é vista pela perspectiva de impulsionar o seu bem-estar pela cooperação ou pelo controle de outras empresas por intermédio da utilização de estratégias individuais ou coletivas.

A **escola cultural** define que:

- as estratégias devem originar-se de um processo de interação social fundamentado nas crenças e nas concepções comuns aos colaboradores da empresa;
- os colaboradores obtêm essas crenças por intermédio da socialização, na maioria das vezes não verbal;
- os colaboradores da empresa podem relatar apenas algumas das crenças da sua cultura, já que muitas vezes não conhecem as suas origens ou explicações;

- a estratégia apropria-se da forma de uma perspectiva, tendo como base as intenções coletivas.

Por fim, a **escola ambiental** define:

- o ambiente é um dos principais pontos levados em consideração no processo de construção da estratégia;
- durante o período de formulação da estratégia, a instituição harmoniza-se com o ambiente, mas depois não reage a ele;
- a sobrevivência da empresa no mercado depende das opções feitas durante o período de construção;
- o desempenho da organização e a sua capacidade de manter-se no mercado são cada vez menos influenciadas pelo líder;
- muitas empresas que sobrevivem ao mercado unem-se em nichos nos quais compartilham produtos, tecnologias e até mesmo procedimentos administrativos.

Com base no exposto até aqui, notamos que essas escolas são classificadas de acordo com a natureza descritiva porque apresentam objetivos que se preocupam com a forma como as estratégias são criadas, considerando todos os fenômenos presentes nos ambientes interno e externo.

Exemplo

Um ótimo exemplo de caso que apresenta característica de natureza descritiva e fundamenta-se na **escola do aprendizado** é o da Cacau Show. Na Páscoa de 1988, o fundador da empresa, Alexandre Tadeu da Costa, cometeu um erro que custou três dias e 18 horas consecutivas do seu trabalho. Alexandre recebeu a encomenda de um item que não se encontrava disponível no mercado e que rendeu o lucro de apenas R$ 500,00. Após a experiência, ele vislumbrou uma oportunidade pouco explorada pelo mercado até aquele momento. Mediante muito esforço, a sua primeira loja foi inaugurada somente no ano de 2001 em Piracicaba/SP. Esse foi o estímulo para a organização implantar um sistema de franquia. Assim, em 2005, a empresa ganhou o prêmio de melhor franquia na sua categoria e, em 2007, inaugurou uma nova planta no interior de São Paulo, o que contou com um investimento de R$ 15 milhões. Para coroar a sua trajetória, a Cacau Show se tornou a maior rede de lojas de chocolates finos do mundo, ultrapassando até mesmo as redes norte-americanas (ESCOLAS..., [2018]).

Exercícios

1. Para facilitar a compreensão e a formulação de estratégias organizacionais, Mintzberg, Ahlstrand e Lampel (2010) propuseram a classificação de 10 escolas de pensamento estratégico, cada uma com uma perspectiva diferenciada, mas que pode complementar as demais conforme as necessidades verificadas na empresa. Qual dessas escolas trata a formulação da estratégia como um processo formal?
   a) Escola cultural.
   b) Escola do aprendizado.
   c) Escola do planejamento.
   d) Escola do posicionamento.
   e) Escola da configuração.

2. Qual escola do pensamento estratégico estuda como a mente do ser humano processa a informação, esquematiza a estrutura do conhecimento e conquista a criação de concepções?
   a) Escola cognitiva.
   b) Escola ambiental.
   c) Escola do poder.
   d) Escola do *design*.
   e) Escola empreendedora.

3. As escolas prescritivas são classificadas segundo essa natureza porque se preocupam, sobretudo, em definir como a estratégia deve ser formulada com base naquilo que ocorre diariamente na empresa. Quais são as escolas prescritivas?
   a) Escola empreendedora, escola cognitiva, escola do aprendizado, escola do poder, escola cultural e escola ambiental.
   b) Escola do *design*, escola do planejamento e escola do posicionamento.
   c) Escola empreendedora, escola cognitiva, escola do aprendizado, escola do poder, escola cultural, escola ambiental e escola de configuração.
   d) Escola do planejamento, escola cognitiva, escola do aprendizado, escola do poder, escola cultural e escola de configuração.
   e) Escola do *design*, escola de configuração e escola do planejamento.

4. Segundo Mintzberg, Ahlstrand e Lampel (2010), as escolas de natureza descritiva costumam voltar a sua análise para a maneira como as estratégias são formuladas, de modo a direcionar as suas considerações e explanações aos inúmeros acontecimentos que podem gerar as estratégias organizacionais. Quais das escolas a seguir compreendem essa natureza?
   a) Escola do *design*, escola do planejamento e escola do posicionamento.
   b) Escola empreendedora, escola cognitiva, escola do aprendizado, escola do poder, escola cultural, escola ambiental e escola do *design*.
   c) Escola empreendedora, escola cognitiva, escola do aprendizado, escola do poder,

escola cultural, escola ambiental e escola de configuração.
d) Escola do *design*, escola de configuração e escola do planejamento.
e) Escola empreendedora, escola cognitiva, escola do aprendizado, escola do poder, escola cultural e escola ambiental.

5. Qual das escolas a seguir compreende as duas naturezas, a prescritiva e a descritiva, de forma que é considerada uma escola de integração?
a) Escola do planejamento.
b) Escola da configuração.
c) Escola ambiental.
d) Escola do posicionamento.
e) Escola do *design*.

Referências

ESCOLAS descritivas: escola empreendedora. *Blog de Escola Estratégica*, [2018]. Disponível em: <https://admstrategy.wordpress.com/perfil/>. Acesso em: 10 set. 2018.

MINTZBERG, H.; AHLSTRAND, B.; LAMPEL, J. *Safari da estratégia*. Porto Alegre: Bookman, 2010.

Leituras recomendadas

ANSOFF, I. H. *Administração estratégica*. São Paulo: Atlas, 1990.

MINTZBERG, H. *O processo da estratégia*. Porto Alegre: Bookman, 2006.

MINTZBERG, H. et al. *O processo da estratégia:* conceitos, contextos e casos selecionados. 4. ed. Porto Alegre: Artmed, 2006.

THOMPSON JUNIOR, A. A.; STRICKLAND, A. J. *Planejamento estratégico:* elaboração, implementação e execução. São Paulo: Pioneira, 2000.

WRIGHT, P.; KROLL, M. J.; PARNELL, J. *A administração estratégica:* conceitos. 4. ed. São Paulo: Atlas, 2000.

Etapas do planejamento estratégico

Objetivos de aprendizagem

Ao final deste texto, você deve apresentar os seguintes aprendizados:

- Definir as principais etapas do planejamento estratégico e possíveis variações.
- Descrever as estratégias corporativa, competitiva e funcional.
- Reconhecer a importância da máxima "planejar, depois agir" e as ferramentas que possibilitam a sua prática.

Introdução

O planejamento estratégico visa assumir padrões decisivos para o direcionamento das atitudes da organização em relação ao seu plano, de modo a proporcionar uma previsão acerca do futuro da empresa, independentemente do seu porte. Contudo, não há um modelo preestabelecido para auxiliá-la no desenvolvimento desse planejamento, de forma que cada organização deve adequá-lo de acordo com as suas especificidades mediante certa flexibilidade no processo de elaboração, pois readequações de novas estratégias podem surgir no decorrer da execução.

Neste capítulo, estudaremos as etapas do planejamento estratégico e conheceremos em maiores detalhes as estratégias corporativa, competitiva e funcional. Por fim, refletiremos acerca da importância da máxima "planejar, depois agir" e verificaremos quais são as ferramentas que possibilitam a sua prática no cotidiano da empresa.

Estágios do planejamento estratégico

Oliveira (2004) afirma que o **planejamento estratégico** é a ação administrativa que define a melhor direção que a empresa deve seguir com o intuito de otimizar o seu grau de interação entre os ambientes interno e externo, o que acarreta desempenhar as suas atividades de maneira inovadora e diferenciada, sendo capaz de influenciar todos da organização. Para que a elaboração e a implementação desse planejamento seja mais eficiente, algumas fases são adotadas. A seguir, examinaremos cada uma delas.

1. **Diagnóstico estratégico.** Etapa na qual a organização busca explicar como se encontra. O diagnóstico deve ser elaborado por indivíduos que possuem diversas informações dentro da organização, como líderes e gestores, pois elas devem ser suficientes para analisar e conferir todos os aspectos relativos às realidades interna e externa da empresa. Esse diagnóstico se subdivide em quatro etapas:
    - Identificação da visão — Interessa-se pelos limites que os gestores da organização conseguem visualizar ao longo dos anos por meio de uma abordagem mais ampla.
    - Análise externa — Avista os riscos e as oportunidades presentes no ambiente da organização, bem como as melhores maneiras de proteger-se ou desfrutar dessas situações. As oportunidades são entendidas como a força ambiental que a organização não consegue controlar, o que pode gerar benefícios para o desenvolvimento estratégico desde que analisadas e aproveitadas de forma satisfatória enquanto persistirem. Outra força incontrolável é a ameaça, que gera obstáculos à ação estratégica e pode ou não ser impedida, conforme o momento em que é identificada.
    - Análise interna — Momento em que os pontos fortes, fracos e neutros da organização devem ser verificados. O ponto forte corresponde à diferenciação obtida pela organização, isto é, uma variável que pode ser controlada e é capaz de gerar vantagem operacional no ambiente da empresa. Ao contrário, o ponto fraco é uma circunstância inadequada que pode causar desvantagem operacional nesse ambiente. Por sua vez, o ponto neutro diz respeito a um aspecto identificado e que não pode ser classificado como forte ou fraco imediatamente após a sua identificação, pois a organização ainda não dispõe de critérios de avaliação para isso.
    - Análise dos concorrentes — É realizada por meio da análise externa, com um estudo detalhado cujo produto identifique as vantagens competitivas da própria organização.
2. **Missão da empresa.** Determina a razão de ser da organização, o seu posicionamento frente à concorrência e a sua postura estratégica, que

equivale à forma mais adequada para que a organização alcance os seus objetivos com base nas situações interna e externa reconhecidas na fase anterior de diagnóstico estratégico.
3. **Instrumentos prescritivos e quantitativos.** Nessa fase, o exame deve indagar como chegar à situação desejada. Podemos dividir essa etapa com base em dois instrumentos que se relacionam: os prescritivos e os quantitativos. Os instrumentos prescritivos explicitam o que deve ser executado pela organização para que ela alcance os objetivos estipulados na sua missão a partir da sua postura estratégica:
   - construção de propósitos, desafios e metas;
   - criação de estratégias e políticas funcionais;
   - desenvolvimento de projetos e planos de ação.

Já os instrumentos quantitativos acometem as projeções econômico-financeiras do planejamento orçamentário, que devem estar relacionadas à estrutura da organização. Ambos os tipos de instrumentos são indispensáveis para o desenvolvimento dos planos de ação e extremamente significativos, pois interligam o planejamento estratégico ao operacional.

4. **Controle e avaliação.** Averigua a trajetória da organização em direção à situação esperada por intermédio de processos de comparação do desempenho real com os objetivos, desafios, metas e projetos criados para a avaliação de desempenho, análise de desvio de objetivos, desafios, metas e projetos estabelecidos, e ação corretiva face aos resultados encontrados. Em suma, deve-se avaliar os custos em relação aos benefícios.

Pereira (2010), por seu turno, apresenta apenas três momentos para o desenvolvimento do planejamento estratégico, conforme veremos a seguir.

1. **Diagnóstico estratégico.** A empresa deve apurar se de fato encontra-se no momento ideal para desenvolver o seu planejamento estratégico, de forma que necessita analisar se está passando por circunstâncias de turbulência, o que não corresponde à ocasião ideal para isso, pois todo o processo poderia ser inviabilizado. Ademais, a organização só deve iniciar a elaboração desse planejamento quando todos os responsáveis concordarem em implantar o processo e estiverem conscientes de que precisarão se envolver totalmente nisso.

2. **Formulação das etapas do processo de planejamento estratégico**: após a discussão conjunta e o planejamento verbal, o plano deve ser formalizado por escrito. As etapas são:
   - declaração de valores, também chamados de crenças, princípios, políticas, filosofia, ideologia, etc., que explicitam elementos para que todos da organização distingam o que é correto e o que é errado para, assim, guiar as ações e operações da empresa;
   - determinação da missão e da visão da organização;
   - estipulação de fatores críticos de sucesso, que são os requisitos de sobrevivência da empresa, devidamente definidos pela organização de acordo com as condições atuais de mercado;
   - análise de fatores externos (oportunidades e ameaças) e internos (pontos fortes, fracos e neutros);
   - desenvolvimento da matriz SWOT (*strengths*, *weaknesses*, *opportunities and threats*, conhecida como FOFA em língua portuguesa), pela qual se procura elevar as oportunidades e controlar as ameaças;
   - elaboração de questões estratégicas a partir das estratégias elencadas, estratégias acerca do que fazer e ações estratégicas acerca de como fazer.
3. **Implementação e controle do processo de planejamento estratégico**: ocorre a implementação, o acompanhamento e o controle do planejamento estratégico e a empresa passa a receber os resultados, ou seja, finalmente executa o seu planejamento.

No esquema a seguir, podemos conferir os três questionamentos basilares que devem guiar o planejamento estratégico de qualquer organização. Vejamos:

Onde estamos? > Para onde queremos ir? > Como chegaremos lá?

No cenário em que vivemos, é indispensável que as organizações realizem o planejamento estratégico, independentemente de qual for a sua escolha em relação a um modelo estruturado formal para elaborá-lo. Entretanto, existe a necessidade real de aceitação e credibilidade na sua elaboração, além do suporte de todas as lideranças da organização, já que as ações desenvolvidas orientarão a empresa nos anos seguintes. Com isso, as questões referentes a método, criação e organização do planejamento devem estar de acordo com a realidade da organização, tanto no que tange a respeitar e integrar processos de decisão e modelos de estruturação que já existiam, quanto agir sobre esses quesitos.

Fique atento

Para que a organização obtenha sucesso no desenvolvimento e na implantação do seu planejamento estratégico, existem alguns pontos que podem auxiliá-la, tais como conquistar aceitação e motivação interna para elaborar e implantar o planejamento; elaborar objetivos claros, alcançáveis, flexíveis e traduzidos em ações a serem desenvolvidos; contar com um bom esquema de plano operacional para permitir a consecução dos objetivos; executar o acompanhamento e o controle periódicos com vistas a correções que julgar necessárias.

Estratégias: corporativa, competitiva e funcional

Segundo Swaim (2011), diversos especialistas apontaram que a planejamento estratégico, a estratégia pura e outros elementos são frutos do pensamento estratégico. A característica da estratégia desenvolvida deriva da natureza da empresa, tendo em vista que cada organização é única e apresenta especificidades mesmo quando diversificada. Johnson (2011), por sua vez, propõe que atualmente as organizações baseiam-se em três níveis de estratégias para guiar os seus negócios: corporativa, competitiva e funcional.

Estratégia corporativa

Considerada de nível superior, a estratégia corporativa trata do alcance total da empresa e define a importância das suas diversas divisões ou unidades de negócio. Essa estratégia pode compreender questões acerca da diversidade dos bens ou serviços, da cobertura geográfica e das inúmeras divisões da organização. Muitas empresas fundamentam as suas decisões de venda de negócios no nível corporativo (JOHNSON, 2011).

Swaim (2011) explica que a estratégia corporativa se dirige à organização como um todo, ou seja, a empresa enquanto negócio único. O seu desenvolvimento é guiado pelo diretor executivo em colaboração com outros membros, tais como as pessoas presentes no conselho de administração.

De acordo com Johnson (2011), a estratégia corporativa considera as expectativas dos líderes, donos, acionistas e da bolsa de valores. Além disso, ela pode estar presente de maneira explícita ou implícita em uma missão que retrate as perspectivas desejadas. Para que seja clara e eficaz, faz-se necessário que o conjunto de negócios inclusos seja definido, pois esse será o suporte para outras decisões estratégicas. Segundo o autor, especialmente quando a estratégia inclui vários negócios, ela deve estar alinhada com todos os outros níveis estratégicos da empresa, com destaque para o competitivo. A título de exemplificação, temos o caso da Yahoo!, empresa na qual as relações com os anunciantes on-line estão presentes em diversas unidades de negócio, de modo que usar, aprimorar e proteger a marca é indispensável a todas as unidades. Assim, a estratégia corporativa em relação à marca deve dar suporte a todos os níveis de estratégias, sejam elas competitivas, funcionais ou operacionais, garantindo que as suas estratégias corporativas não prejudiquem a organização como um todo ou alguma unidade do negócio.

Swaim (2011) afirma que a estratégia corporativa deve compreender estratégias para cada negócio de uma empresa que apresenta diversas unidades. Todavia, cada unidade de negócio compreende questões diferenciadas que deverão atentar-se. Por exemplo, a General Eletrics cogita negociar uma subsidiária de utensílios domésticos, que é um setor de enorme competição, dada a sua sustentação no preço, e que se encontra em declínio. Nesse caso, os líderes responsáveis devem desenvolver a estratégia como se a empresa apresentasse apenas um negócio e com foco no desenvolvimento e no fortalecimento da posição competitiva da organização no mercado nesse momento.

Estratégia competitiva

Para Johnson (2011), a estratégia competitiva também pode ser denominada estratégia a nível de negócio, pois aborda o modo como as diversas atividades presentes na estratégia corporativa devem competir nos seus mercados específicos. Já no setor público, a estratégia competitiva é tratada como um conjunto de resoluções acerca do modo como as unidades podem proporcionar os melhores serviços, o que normalmente compreende questões relativas a estratégias de inovação, preços, diferenciação por qualidade superior ou por algum canal de distribuição novo.

A estratégia competitiva abrange a empresa como um todo, de maneira que as decisões estratégicas se associam a unidades estratégicas de negócios próprias no interior de toda a organização. Uma unidade estratégica de negócios é a divisão de uma empresa para qual existe um mercado diferenciados de bens e serviços que varia em outras unidades estratégicas de negócios. Por exemplo, o grande *site* Yahoo! divide as suas unidades estratégicas de negócios em Yahoo! Music e Yahoo! Photos para abranger diferentes nichos de mercado em si, conforme a necessidade. Já em empresas menores que compreendem apenas um ramo de negócio, muitas vezes as estratégias corporativa e competitiva são as mesmas. Entretanto, ainda assim é essencial identificar a estratégia corporativa a ser adotada, pois ela proporciona a organização da estrutura para, então, definir quais são as outras oportunidades de negócios que podem ser incluídas ou excluídas. Assim, a estratégia competitiva pode ser desenvolvida com embasamento e, por conseguinte, pode render possíveis frutos positivos para a organização.

Estratégia funcional

Como o próprio nome indica, Swaim (2011) estabelece que a estratégia funcional compreende as funções da organização, como *marketing*, produção, operação, finanças, etc. Assim, as estratégias mais comuns desenvolvidas nas empresas são as financeiras e aquelas relativas a recursos humanos, distribuição, tecnologia, *marketing* e produção, cuja responsabilidade cabe aos líderes de cada setor. Já os gerentes das unidades operacionais, como distritos, fábricas e regiões, são os responsáveis por desenvolver as estratégias dessas unidades.

Nesse nível de estratégia, ocorre o desenvolvimento e o gerenciamento de recursos para que as unidades de negócios sejam executadas de maneira eficiente. Nessa etapa, os processos de negócio e a cadeia de valor são definidos, além de um grupo de programas de ação empregado em diversas áreas semelhantes para alcançar resultados desejados pela organização ser elaborado com o objetivo de enfrentar a concorrência ou desenvolver competências únicas.

Dessa forma, a estratégia funcional compreende a extremidade operacional da empresa, na qual as estratégias abarcam as divisões presentes na organização e atentam à sua execução nos níveis corporativo e competitivo em termos de pessoal, recursos e processos. Como exemplo de estratégia funcional, temos as operações do Yahoo! em relação a layout, design e renovação. Ao analisarmos a maioria das empresas, podemos perceber que as estratégias bem-sucedidas costumam depender fortemente das deliberações desempenhadas ou ações que ocorrem a nível funcional (JOHNSON, 2011).

Independentemente da estratégia selecionada e da forma como a empresa irá implantá-la nos negócios, a sua elaboração é indispensável. Ascender de modo progressivo a cada nível para a construção dos planos a serem desenvolvidos e introduzidos pode facilitar o seu diálogo, levando a uma maior probabilidade de eficiência da estratégia. Além disso, uma estratégia empresarial é forte quando desenvolve vantagem duradoura e é entendida como fraca quando tem por consequência uma desvantagem competitiva. Assim, torna-se indispensável atentar às amplas definições de estratégia (SWAIM, 2011).

Fique atento

A estratégia corporativa auxilia a organização a entender o seu mercado de atuação, uma vez que sinaliza de quais nichos a empresa deve ou não participar, além de permitir a análise acerca da possibilidade de adição de novos negócios ou eliminação de outros já existentes. Essa estratégica preocupa-se com o escopo corporativo, além do relacionamento entre as suas partes e os métodos para a gestão tanto do escopo e quanto dos relacionamentos.

"Planejar, depois agir"

Segundo Mintzberg (2006), há alguns anos o planejamento estratégico tradicional era visto como um processo deliberado, de forma que a primeira preocupação da organização deveria ser pensar para somente então agir. Assim, antes era preciso planejar todas as estratégias para, depois, iniciar a sua implementação. Tal entendimento estava presente na maioria dos estudos sobre estratégia e privilegiava o ato de pensar em relação ao de executar, já que se acreditava que era possível tomar decisões acerca do desconhecido antes mesmo de experimentá-lo.

Todavia, a estratégia representa um processo de aprendizagem e, portanto, não exige grande complexidade inicial, pois se desenvolve aos poucos mediante o aprendizado baseado nos atos e nas experiências da organização e dos seus consumidores. Posto isso, Mintzberg (2006) sugere algumas ações para o desenvolvimento do que ele chama de "planejar":

- **Escolher entre estabilidade e mudança.** O planejamento formal auxilia a "programar a estratégia criada" e não a gerar uma nova estratégia, pois pode levar a ultrapassar as estratégias já existentes ou até mesmo a copiar aquelas adotadas pela concorrência.
- **Detectar a descontinuidade.** Ser capaz de perceber as mudanças no ambiente configura-se como o verdadeiro desafio da estratégia, o que requer investigar os padrões do momento e compreender os seus aspectos principais. O *know-how* tende a se enfraquecer durante os longos períodos de estabilidade que as organizações experimentam.
- **Conhecer o negócio.** É indispensável sempre investigar e captar informações que os concorrentes não visualizam, além de desenvolver conhecimento pessoal, ou seja, sentimento de negócio.

- **Administrar os padrões.** O ponto central da estratégia encontra-se na capacidade de visualizar padrões emergentes e, assim, auxiliá-los a ter forma ou eliminá-los com a consciência sobre a dificuldade de avaliar o novo, embora certa previsão do futuro possa ser concebida com base nos problemas que se apresentam no presente.
- **Reconciliar mudança e continuidade.** Algumas ideias inovadoras devem ser arquivadas até que a empresa esteja preparada para uma revolução estratégica ou, então, para um momento de divergência, pois "a vida é vivida para a frente, mas é entendida em retrospectiva".

Com o nosso mercado cada vez mais exigente, surge o **ciclo PDCA** a fim de melhorar os resultados do processo estratégico. Segundo Vieira Filho (2010), esse método ultrapassa a máxima "planejar, depois agir", pois compreende outras etapas essenciais, que são: planejar, executar, controlar e agir, originando a sigla a partir dos termos em língua inglesa *plan* ("planejar"), *do* ("executar"), *check* ("controlar") e *act* ("agir").

O ciclo PDCA tem se destacado no ambiente organizacional como um método gerencial que visa a melhoria de ações e soluções de problemas, uma vez que se converte em suporte de melhoria contínua e pode ser adotado em qualquer espécie de empresa, seja ela organização privada, sem fins lucrativos ou, ainda, em um setor público. Esse método cuida de todo o processo de melhoria contínua por meio de três passos (MATTOS, 2010):

1. aproveitar ao máximo as informações acerca de equipes, orçamento e planos atuação disponíveis para o desenvolvimento;
2. possuir a convicção de que o planejamento é um compromisso geral e não uma missão de certa área;
3. interpretar o andamento de uma obra enquanto planejamento, pois nem sempre o cronograma das obras conta com metas que serão atingidas, o que torna indispensável conferir novamente o que já foi realizado.

Cada vez que o ciclo PDCA é utilizado para a resolução de um problema, para a melhoria contínua ou para a padronização de um processo, a complexidade da resolução do ciclo total eleva-se. Os planos tornam-se mais atrevidos e com maior grau de complexidade de implementação; as metas, mais difíceis de serem alcançadas; o treinamento e a qualificação, mais exigentes; etc. Para Lima (2006), esse ciclo uniformiza os dados do controle da qualidade, dificulta a ocorrência de erros lógicos nas análises e permite que as informações sejam compreendidas de maneira mais fácil. Além disso, ele também pode ser empregado como facilitador na transição em prol de uma administração voltada à melhoria contínua. Já Silva (2006) entende a metodologia PDCA como um recurso de gestão que descreve o caminho para que os objetivos traçados sejam atingidos, uma vez que o ciclo é constantemente utilizado para rever os objetivos quando eles já foram alcançados e para continuar o padrão ao voltar à fase de planejamento realizado. Nesse planejamento, são organizadas faixas aceitáveis de valores (nível de controle) como um objetivo, isto é, a faixa de padrão admissível para certo item de controle (LIMA, 2006).

Saiba mais

O intuito das empresas é gerar valor econômico, o que significa promover a evolução do seu patrimônio líquido. Logo, torna-se imprescindível que os gestores estabeleçam de maneira clara as metas e os resultados esperados por meio de ferramentas de gestão que visem planejá-las e controlá-las (SOUZA, 2018).

Exercícios

1. Para que o planejamento estratégico seja elaborado da melhor maneira, sugere-se que as empresas sigam determinadas etapas. Segundo Oliveira (2004), uma dessas fases busca explicar como está a organização. Qual é essa etapa?
   a) Missão da empresa.
   b) Instrumentos prescritivos.
   c) Diagnóstico estratégico.
   d) Instrumentos quantitativos.
   e) Controle e avaliação.

2. Em qual das etapas a seguir, sugeridas por Pereira (2010) para o desenvolvimento do planejamento estratégico, encontra-se o desenvolvimento da matriz SWOT, ou FOFA?
   a) Formulação das etapas do processo de planejamento estratégico.
   b) Implementação e controle do planejamento estratégico.
   c) Missão da empresa.
   d) Diagnóstico estratégico.
   e) Controle e avaliação.

3. Johnson (2011) afirma que as organizações se baseiam em três níveis de estratégias para guiar os seus negócios. Qual estratégia é conhecida como estratégia em nível de negócios, tendo em vista que se interessa pela forma como os diversos

negócios presentes na estratégia corporativa devem competir nos seus mercados específicos?
a) Estratégia corporativa.
b) Estratégia competitiva.
c) Estratégia operacional.
d) Estratégia funcional.
e) Estratégia organizacional.

4. O gerente de *marketing* de uma empresa automobilística define certas regras e diretrizes que os seus liderados devem seguir a fim de que a empresa alcance os objetivos aos quais se propõe. Qual é a estratégia presente nessa ação?
a) Estratégia organizacional.
b) Estratégia corporativa.
c) Estratégia dos concorrentes.
d) Estratégia competitiva.
e) Estratégia funcional.

5. Qual é a ação sugerida por Mintzberg (2006) para o desenvolvimento do "planejar" frente a ideias inovadoras que devem ser arquivadas até que a empresa esteja preparada para uma revolução estratégica?
a) Administrar os padrões.
b) Reconciliar mudança e continuidade.
c) Conhecer o negócio.
d) Detectar a descontinuidade.
e) Escolher entre estabilidade e mudança.

Referências

JOHNSON, G. *Fundamentos de estratégia*. Porto Alegre: Bookman, 2011.

LIMA, R, A. *Como a relação entre clientes e fornecedores internos à organização pode contribuir para a garantia da qualidade: o caso de uma empresa automobilística*. Ouro Preto: UFOP, 2006.

MINTZBERG, H. *O processo da estratégia*. Porto Alegre: Bookman, 2006.

OLIVEIRA, D. P. R. *Planejamento estratégico:* conceitos, metodologia e práticas. 20. ed. São Paulo: Atlas, 2004.

PEREIRA, M. F. *Planejamento estratégico:* teorias, modelos e processo. São Paulo: Atlas, 2010.

SILVA, J. A. *Apostila de controle da qualidade I*. Juiz de Fora: UFJF, 2006.

SOUZA, A. Planejar antes de agir. *Administradores*, João Pessoa, 12 jan. 2018. Disponível em: <http://www.administradores.com.br/artigos/empreendedorismo/planejar-antes--de-agir/108749/>. Acesso em: 25 set. 2018.

SWAIM, R. W. *A estratégia segundo Drucker:* estratégias de crescimento e insights de marketing. Rio de Janeiro: LTC, 2011.

VIEIRA FILHO, G. *Gestão da qualidade total:* uma abordagem prática. 3. ed. São Paulo: Alínea, 2010.

Leituras recomendadas

ANSOFF, I. H. *Administração estratégica*. São Paulo: Atlas, 1990.

MINTZBERG, H.; AHLSTRAND, B.; LAMPEL, J. *Safari da estratégia*. Porto Alegre: Bookman, 2010.

THOMPSON JUNIOR, A. A.; STRICKLAND, A. J. *Planejamento estratégico:* elaboração, implementação e execução. São Paulo: Pioneira, 2000.

WRIGHT, P.; KROLL, M. J.; PARNELL, J. *A Administração estratégica:* conceitos. 4. ed. São Paulo: Atlas, 2000.

Referenciais estratégicos

Objetivos de aprendizagem

Ao final deste texto, você deve apresentar os seguintes aprendizados:

- Definir quais são os referenciais estratégicos de uma organização.
- Explicar a importância de alinhar a estratégia organizacional com os seus referenciais estratégicos.
- Analisar casos de empresas que fracassaram pela falta de sinergia entre a sua estratégia e os seus referenciais.

Introdução

A definição dos referenciais estratégicos, momento em que as empresas definem a sua missão, a visão e os seus valores, é determinante para guiar todas as suas decisões relativas a atendimento de consumidores, desenvolvimento de novas estratégias de *marketing*, lançamento de novos produtos e serviços, etc.

Neste capítulo, estudaremos os referenciais estratégicos no âmbito empresarial e a relevância de alinhar a estratégia organizacional à missão, à visão e aos valores da empresa. Por fim, analisaremos como a sinergia entre a estratégia e os referencias estratégicos é indispensável para que as empresas não fracassem nas suas práticas.

Conceitos fundamentais

De acordo com Ceará (2015), os elementos essenciais que compõem a base do planejamento estratégico denominam-se **referenciais estratégicos** e englobam (Figura 1):

- a missão da organização;
- a visão de futuro da organização;
- os seus princípios ou valores.

Porto (1997) afirma que esse conjunto representa a **identidade organizacional**, de forma que é indispensável monitorá-los, além de entender como se relacionam às mudanças comportamentais da sociedade. Assim, a difusão da missão, da visão e dos valores de uma empresa com vistas a impactar de modo positivo o seu público-alvo ocorre na medida em que a prática de hábitos que seguem esses referenciais é averiguada nas atividades que precedem a comunicação com o mercado (MACHADO, 2009).

Independentemente do segmento ou do tamanho da empresa, ela necessita compreender a sua missão no mercado para, então, determinar a visão interna. É indispensável respeitar as próprias especificidades, pois somente assim pode encontrar soluções que auxiliem a desenvolver e a fortalecer as suas qualidades coletivas, o que inclui os produtos e serviços. É por meio dos seus bens e serviços que as empresas demonstram ao mercado a missão e a visão que guiam o seu processo de construção organizacional, promovendo o rompimento com o cenário atual e as condições desejadas para o futuro (PORTO, 1997).

Figura 1. Ciclo de referenciais estratégicos que influenciam de forma mútua as práticas organizacionais.

Missão

As empresas precisam ter uma razão de ser para que os seus objetivos sejam alcançados e compreendidos no segmento ao qual pertencem. Diante disso, Oliveira (2014) explica que a missão corresponde a uma maneira de explicar os sistemas de valores e convicções em termos de negócios e campos básicos de atuação de acordo com os costumes e a filosofia administrativa da organização. Portanto, a missão visa definir qual é o negócio da empresa, o motivo da sua existência e até mesmo em que tipos de funções ela deve concentrar-se no futuro.

Já Maximiano (2011) distingue negócio de missão ao defender que o negócio diz respeito aos bens e serviços que a organização entrega aos consumidores em troca de dinheiro. Trata-se do negócio estabelecido em função da sua utilidade, materializada na entrega aos indivíduos motivados a investir dinheiro em bens e serviços ofertados pela empresa. Para constituir a sua missão ou proposta de valor, é necessário que a organização se questione acerca de alguns pontos:

- Para que serve a organização?
- Qual é a utilidade da organização para os consumidores?
- Qual necessidade a organização deseja atender?
- Qual é o benefício entregado aos clientes por intermédio dos produtos e serviços?
- Qual problema dos consumidores a organização soluciona?
- Com qual responsabilidade social a empresa cumpre?

Com base nas questões sugeridas por Maximiano, é possível construir a missão de maneira apropriada e efetiva. Ao observarmos a missão de algumas organizações, podemos verificar se de fato respondem a tais indagações, ou seja, se foram elaboradas de forma correta.

Exemplo

A título de exemplificação, considere a missão da Google, que é "[...] organizar as informações do mundo todo e torná-las acessíveis e úteis em caráter universal" (GOOGLE, [2018], documento on-line). A partir dela, podemos analisar os seguintes aspectos: a utilidade do negócio é organizar informações, o benefício consiste em tornar as informações acessíveis a todos, o problema resolvido pela organização é o acesso à informação e, por fim, a responsabilidade social atendida corresponde às informações úteis reunidas no mecanismo de pesquisa. Note, portanto, que a missão da empresa responde a todos os questionamentos que citamos anteriormente.

Visão

A visão representa a posição que a empresa deseja alcançar no mercado em um futuro próximo ou distante. Segundo Tavares (2005), remete à perspectiva de oportunidades futuras acerca de atividades que a empresa pode desenvolver e concentra esforços na sua busca. Assim, a visão deve ser entendida como os limites que os líderes da organização conseguem visualizar em um prazo de tempo maior por meio de uma abordagem mais ampla (OLIVEIRA, 2014).

Bethlen (2009) expõe que, quando se define o estudo do ponto em que a empresa pretende chegar, os conceitos e as explicações apoiam-se em metáforas que propiciam que os indivíduos interpretem as empresas de maneira individual, porém parcial. Esse processo de construção da visão da empresa muitas vezes é mais relevante do que o seu resultado, pois define com maior nitidez os protagonistas das atividades e auxilia a focar o processo de planejamento estratégico. Logo, torna-se indispensável que o seu desenvolvimento ocorra antes da execução do planejamento estratégico (MACHADO, 2009).

Exemplo

A partir do exemplo da empresa de *fast-food* McDonald's, é possível perceber as definições relatadas por Oliveira, posto que a visão aderida pela organização é "[...] duplicar o valor da companhia, ampliando a liderança" (A NOSSA..., [2018], documento on-line). Oliveira (2014) relata que a visão deve ser considerada como os limites que os líderes da empresa conseguem visualizar durante um período relativamente extenso. No exemplo em questão, essa distância reproduz-se na ampliação da atuação em todo o mundo para, assim, duplicar o valor da companhia.

Valores

Os valores equivalem ao grupo de princípios e crenças da organização que proporcionam a base para a tomada de decisões (OLIVEIRA, 2014). Auxiliam o desenvolvimento da missão e da visão da empresa, além de estimularem o comprometimento por parte de colaboradores, sociedade e mercado. Dessa forma, a sua visualização e o seu entendimento possibilitam entender o funcionamento da organização e o comportamento organizacional dos colaboradores (MACHADO, 2009). Bethlem (2009) explicita que é necessário atentar à influência dos valores dos colaboradores e da própria organização acerca da escolha de estratégia a ser seguida nos processos de desenvolvimento, planejamento e implantação de estratégias.

Oliveira e Tamayo (2004, apud MIGUEL; TEIXEIRA, 2009) sugerem a organização dos valores organizacionais em oito **classes motivacionais**:

1. Realização — valorização da competência em prol do sucesso da empresa e dos colaboradores.
2. Conformidade — valorização do respeito a regras e modelos de comportamento no ambiente de trabalho e no relacionamento com outras empresas.
3. Domínio — valorização do poder, tendo como objetivo a obtenção de status e o controle sobre pessoas, recursos e mercado.
4. Bem-estar — valorização da satisfação dos colaboradores mediante a qualidade de vida no trabalho.
5. Tradição — valorização de costumes e práticas consagradas.
6. Prestígio — valorização do prestígio organizacional na sociedade mediante a qualidade de bens e serviços.
7. Autonomia — valorização de desafios, busca pelo aperfeiçoamento constante, curiosidade, variedade de experiências e definição de objetivos profissionais dos colaboradores.
8. Preocupação com a coletividade — valorização do relacionamento com indivíduos próximos à comunidade.

Essas classes de valores organizacionais originam-se de valores pessoais, sendo que ambos os grupos apresentam características comuns, uma vez que possuem componentes motivacionais e orientações acerca dos comportamentos esperados. Dessa maneira, os valores pessoais guiam a vida dos indivíduos e os organizacionais, o cotidiano das empresas. Assim, Oliveira (2014) afirma que é com base nos valores que as empresas devem tomar decisões. A título de exemplificação, podemos considerar a Petrobras: "[...] desenvolvimento sustentável, integração, resultados, prontidão para mudanças, empreendedorismo e inovação, ética e transparência, respeito à vida, diversidade humana e cultural, pessoas e orgulho de ser Petrobras" (ESTRATÉGIA..., [2018], documento on-line).

Fique atento

A construção dos referenciais estratégicos, que compreendem missão, visão e valores, ultrapassa uma simples formalidade, de modo que tais preceitos devem estar presentes na rotina da organização para que originem resultados benéficos. Assim, faz-se indispensável que todos os colaboradores, com o auxílio dos líderes, conheçam os elementos que orientam a empresa, de forma que se conscientizem do seu impacto no desempenho das atividades.

Alinhamento entre estratégia e referenciais estratégicos

Para atingir as suas metas, a empresa deve contar com estratégias bem alinhadas aos referenciais estratégicos, pois somente assim pode atuar de forma coerente frente aos clientes e ao mercado. Borges (2013) exemplifica que os valores básicos da Johnson & Johnson funcionam como vantagem competitiva para a empresa, embora não tenham sido estabelecidos por esse viés. Os valores estabelecem as pretensões da organização, que são percebidas pelos consumidores por meio do discurso em concordância com as ações da empresa, efetivando o alinhamento entre estratégia e referenciais estratégicos comentado.

Ao nos indagarmos acerca do que é uma estratégia, logo pensamos em objetivos estratégicos e etapas de planejamento e execução, que incluem diagnóstico, desenvolvimento, divulgação, implantação, integração, acompanhamento, etc. Nesse sentido, o propósito estratégico é fundamental, pois abrange a ideia central da organização, ou seja, as bases da estratégia: negócio, missão, visão e valores, que influenciam diretamente o comportamento e a atitude dos funcionários (GRANDO, 2011).

As concepções de missão, visão e valores não devem ser desenvolvidas apenas com a intenção de transmitir credibilidade aos consumidores, uma vez que esses são os princípios do dia a dia organizacional. Logo, é imprescindível que os líderes instituam essa cultura em cada colaborador, com a apresentação objetiva de todos os valores e o controle das atividades executadas por eles diariamente. É indispensável que os funcionários compreendam a relevância dos referenciais estratégicos para que a empresa cresça no mercado de acordo com as estratégias desenvolvidas para esse fim. Além disso, é dever dos líderes demonstrar como os colaboradores tornam a marca um diferencial no mercado em razão da atuação diferenciada, dos padrões comportamentais e das expectativas para o futuro. Essas três concepções devem guiar todas as tomadas de decisão da organização, tais como atendimento aos consumidores, desenvolvimento de novas estratégias de *marketing*, lançamento de novos produtos e serviços, etc. (EGESTOR, 2018).

Fique atento

Uma empresa precisa ser entendida como um processo de satisfação dos consumidores, não como um sistema de produção de bens e serviços. A organização deve procurar atender às necessidades do mercado, de forma que não centre os seus esforços apenas em itens transitórios. Por exemplo, algumas organizações da indústria petrolífera percebiam o seu ramo de negócios como exclusivamente de extração de petróleo e, com isso, deixavam de visualizar outros meios de produção de energia.

Descrever a missão da organização não é um método de criação, mas de revelação, pois sintetiza a alma da empresa e reúne os funcionários em prol do crescimento da organização. Assim, a missão deve ser vivida tanto pelos líderes quanto pelos colaborados e precisa estar de acordo com as estratégias a serem desempenhadas. Ademais, revisões podem ser realizadas de tempos em tempos com o intuito de ajustar novas estratégias e ao cenário. Contudo, a essência costuma manter-se a mesma ao longo da evolução histórica da empresa.

Uma visão planejada, difundida e empregada de modo adequado no exercício da liderança suscita efeitos positivos no desempenho das empresas, visto que engaja e mobiliza os colaboradores para a execução da estratégia. Para a sua eficácia, precisa ser clara, viável, precisa e comunicável, pois a visão evidencia aquilo que a organização anseia ser e, também, a forma como deseja ser vista pelo mercado. Associada à missão, constitui a intenção estratégica da organização (GRANDO, 2011).

Dilts (2006) sustenta que o alinhamento entre os referenciais estratégicos e as estratégias organizacionais é indispensável para um planejamento eficaz, bem como para a solução de impasses e a liderança efetiva. Afinal, em uma organização com sistema eficaz, as condutas e os resultados dos colaboradores no âmbito dos seus respectivos microambientes seguem as estratégias e os objetivos pré-definidos pelos líderes. Esses objetivos compactuam com a missão e a cultura da organização no seu macroambiente e resultam no alinhamento interno dos funcionários com a visão da empresa na sociedade.

Dessa maneira, apontam-se três **tipos de alinhamento**:

- pessoal, de forma que haja consonância entre os objetivos do indivíduo e as suas ações para alcançá-los;

- dos processos de apoio inerentes à visão ou aos objetivos da empresa;
- ambiental, de modo que as ações e os objetivos de grupos ou indivíduos moldem-se ao sistema organizacional (ambiente, comunidade, cultura, organização, etc.).

Borges (2013) corrobora ao ensinar que o principal objetivo da organização ao estabelecer a visão é descrever de que maneira pretende atuar, tendo em vista que o desenvolvimento dele determina os propósitos da empresa a médio e longo prazo, geralmente situados em um período de tempo de três a cinco anos. Portanto, ao passo que a visão retrata o fim ao qual se deseja chegar, a missão expõe os meios para isso. A visão explicita o posicionamento que a empresa quer ter no futuro, apresenta o que ela almeja com a prática da missão. Por sua vez, os valores constituem a infraestrutura que concede caráter e maneira próprios à empresa. Em suma, expor a visão, a missão e os valores da empresa, ou seja, os seus referenciais estratégicos, é um ato de extrema relevância tanto para a realização das estratégias por todos os funcionários quanto para percorrer um caminho mais seguro na busca por sucesso.

Saiba mais

A estratégia corporativa auxilia a organização a entender o seu mercado de atuação, uma vez que estimula a reflexão acerca dos nichos que a interessam ou não, de modo que é possível analisar a adição de novos negócios e a eliminação de outros já existentes. A estratégia interessa-se pelo escopo corporativo, pelos relacionamentos entre as partes e pelos métodos de gestão do escopo e dos relacionamentos.

Casos de fracasso

Os referenciais estratégicos, formados por missão, visão e valores, são aplicados de forma inadequada na gestão das organizações com muita frequência. É comum encontrarmos empresas com declarações de referenciais que são meros adornos, motivo pelo qual se convertem em chacota entre os funcionários. Isso porque, em muitas organizações, os líderes e funcionários não conhecem o objetivo que justifica a existência da organização, tampouco onde e quando ela deseja chegar ou, ainda, qual é o sentido das suas práticas. Quando crescem e atingem um patamar de sucesso, organizações assim não dispõem da mínima noção do percurso traçado para chegar ao ponto em que chegaram.

Nesse contexto, os referencias estratégicos são meios poderosos para o planejamento por parte dos gestores, além de instigarem os funcionários a engajar-se e orgulhar-se das suas atividades. Assim, a construção da missão, da visão e dos valores configura-se como o ponto de partida do planejamento das novas empresas e deve ser validado de forma contínua ao longo da existência da organização. Dessa maneira, os líderes são considerados visionários quando conseguem conservar os referenciais estabelecidos na fundação da organização (NAKAGAWA, [2018]).

Segundo Bueno (2017), para transformar uma empresa em uma organização lucrativa, é indispensável que todos os envolvidos pensem e atuem na mesma direção. Os colaboradores necessitam estar de acordo com os objetivos e as estratégias do negócio. Entretanto, percebemos que, muitas vezes, o que ocorre é bem diferente disso, pois muitas empresas apresentam os seguintes problemas:

- Os funcionários não conhecem a missão e as estratégias do negócio.
- Muitos projetos não estão alinhados com os referenciais estratégicos e as estratégias organizacionais, de forma que não deveriam ser prioritários.
- As jornadas de trabalho são mais longas do que o necessário, pois os líderes não sabem exatamente em qual direção seguir, o que acarreta perda de energia em rotinas ou projetos não prioritários.
- A empresa parece um conjunto de indivíduos que miram direções distintas enquanto o ideal seria que todos olhassem na mesma direção.

O desalinhamento estratégico muitas vezes ocorre por falta de:

- missão ou razão de ser bem definida;
- visão a longo prazo;
- objetivos e metas claros;
- comunicação eficiente com os funcionários.

Chiavenato (2005) ensina que a visão da empresa determina a identidade comum em relação aos objetivos da organização, de maneira a guiar o comportamento dos indivíduos acerca do destino que a empresa quer alcançar. Entretanto, muitas organizações desenvolvem a sua visão e não a alteram ao longo dos anos, o que faz com que, muitas vezes, entrem em estado letárgico.

A seguir, disponibilizamos alguns exemplos de organizações de grande sucesso que não atualizaram as suas visões no decorrer dos anos e, assim, também não elaboraram novas estratégias de acordo com o novo cenário que se apresentava. Por fim, foram assimiladas pelo mercado, em constante mudança e com novas exigências.

Eastman Kodak Company

A Eastman Kodak Company é uma empresa multinacional especializada em equipamentos fotográficos profissionais e amadores. Durante a maior parte do século XX, essa empresa foi uma gigante no mercado de filmes fotográficos, chegando a dominar 90% do ramo nos Estados Unidos da década de 1970. Entretanto, no fim dos anos 1990, a Kodak começou a enfrentar sérios problemas financeiros devido à queda nas vendas de filmes durante a transição para a era da fotografia digital. Durante esse longe período de crise, o seu último ano de lucro foi 2007. A empresa chegou a mudar a sua estratégia, mas já era tarde demais.

Compaq Computer Corporation

Criada no início dos anos 1980, a Compaq Computer Corporation desenvolvia e comercializava suportes para computadores, bem como outros produtos e serviços relacionados. Na década seguinte, tornou-se a maior fornecedora de sistemas de computador do mundo. A empresa lutou para se conservar no mercado após a reformulação causada pela popularização da internet, mas perdeu a sua colocação de maior fornecedora para a Dell em 2001. No ano seguinte, foi adquirida pela companhia Hewlett-Packard, mais conhecida pela sigla HP, por US$ 25 bilhões. Atualmente, a Compaq é mantida em uso por sua empresa-mãe somente no que tange ao desenvolvimento de sistemas simples.

Itautec S/A

A Itautec S/A foi uma empresa totalmente nacional, especializada em equipamentos de tecnologia da informação, automação comercial e automação bancária. Com atuação no Brasil desde 1979, a companhia possuía subsidiárias em cinco países e chegou a ter a décima maior base instalada de caixas eletrônicos do mundo, além da maior rede própria de assistência técnica em informática no País. Porém, em 2013, encerrou as suas atividades ao vender a maior parte da sua participação nas áreas de automação bancária, comercial e prestação de serviços para a japonesa Oki Eletric Industry. Assim, a unidade de computação da Itautec, que também atuava com a marca Infoway, foi desativada (DIAS, 2014).

Banco Santander

O Banco Santander optou por desempenhar estratégias que não estavam de acordo com os seus referenciais estratégicos ou com o seu planejamento.

Devido à pressão sofrida em função das polêmicas levantadas pelas obras da exposição *Queermuseu — Cartografias da diferença na arte brasileira*, em cartaz no Santander Cultural da cidade de Porto Alegre/RS, o Santander cancelou a mostra 10 dias antes do previsto, o que gerou grandes prejuízos para a sua imagem e identidade frente aos clientes e à sociedade em geral.

Saiba mais

Para saber mais sobre a polêmica da exposição do Santander, leia o artigo "Planejamento Estratégico: Santander e uma sequência monumental de erros — Estudo de Caso", de Claudia Ten Caten (CATEN, 2017), disponível no *link* abaixo.

https://goo.gl/vgwBDz

Com base nos exemplos apresentados, podemos notar que, em um mercado de mudanças constantes, sobretudo nas áreas que envolvem tecnologia, não é surpreendente que a visão e as estratégias organizacionais tornem-se ultrapassadas com o passar dos anos, de forma que se converte em árduo o trabalho de manter-se enérgico frente à concorrência.

Saiba mais

Os referenciais estratégicos são indispensáveis para a elaboração do planejamento estratégico. Eles são extremamente relevantes, pois servem como direcionadores de todas as decisões e estratégias a serem definidas pelos líderes, de modo que servem como base para a definição de comportamentos. Portanto, os referenciais devem explicitar da maneira mais clara possível onde a organização pretende chegar e qual caminho deve ser seguido para isso.

Para saber mais sobre o assunto, acesse o *link* a seguir e leia o artigo intitulado "Missão, Visão e Valores de uma empresa: entenda o que é e como devem ser definidos", de Liberato (2018).

https://goo.gl/uazgSH

Exercícios

1. Uma das muitas fases que compõem o planejamento estratégico é a definição dos referenciais estratégicos da organização. Quais elementos integram esses referenciais?
   a) Missão e estratégias organizacionais.
   b) Realização, domínio e autonomia.
   c) Missão, visão e valores.
   d) Visão, valores e autonomia.
   e) Estratégias.

2. Um dos elementos dos referenciais estratégicos aponta a direção que empresa deve seguir para alcançar as metas desejadas. Qual é esse elemento?
   a) Visão.
   b) Valores.
   c) Estratégia.
   d) Missão.
   e) Autonomia.

3. Para os consumidores, qual é a importância do alinhamento das estratégias organizacionais aos referenciais estratégicos da empresa?
   a) Os consumidores notam que a empresa elaborou de forma correta o seu planejamento estratégico.
   b) Os clientes percebem que os líderes estão engajados em fazer com que a organização cresça no mercado.
   c) Os consumidores percebem que o discurso da empresa está de acordo com as suas ações, o que muitas vezes gera vantagem competitiva frente às demais organizações, que não são congruentes nesse processo.
   d) Os clientes notam que a organização pretende expandir os seus negócios por meio de novas estratégias.
   e) Os indivíduos realizam mais compras na organização, pois percebem o esforço envolvido na elaboração dos referenciais estratégicos.

4. A missão é um dos itens presentes nos referenciais estratégicos a serem desenvolvidos pela organização durante o processo de planejamento estratégico. Entretanto, no decorrer dos anos e com as constantes mudanças do mercado, é frequente a necessidade de alteração da missão. Qual das alternativas a seguir reforça essa afirmação?
   a) A missão deve ser modificada a cada ano para que a organização não fique desatualizada e corra riscos em função do mercado.
   b) Os referenciais estratégicos só devem ser alterados se a organização se encontrar em um mau momento no mercado.
   c) As empresas devem estar atentas aos seus concorrentes para verificar se existe necessidade de alterar os próprios referenciais estratégicos.
   d) Independentemente do segmento do negócio, é indispensável que a empresa verifique os referenciais estratégicos das empresas da região para analisar se há necessidade de modificar os seus.
   e) Sempre que as organizações encontram dificuldades nos

negócios atuais ou vislumbram novas oportunidades de mercado, devem trabalhar na reformulação da sua estratégia como um todo.

5. Uma grande rede de hipermercados tem como um dos seus referenciais estratégicos a disciplina enquanto capacidade de garantir os resultados planejados nos prazos estipulados diante da velocidade característica do varejo. Qual item presente nos referenciais estratégicos sintetiza essa postura?
a) Missão.
b) Valores.
c) Estratégias organizacionais.
d) Visão.
e) Domínio.

Referências

A NOSSA missão e os nossos valores. *McDonald´s*, [2018]. Disponível em: <https://www.mcdonalds.pt/mcdonalds/missao-valores/>. Acesso em: 8 out. 2018.

BETHLEM, A. S. *Estratégia empresarial:* conceitos, processos e administração estratégica. 6. ed. São Paulo: Atlas, 2009.

BORGES, D. F. A estratégia por trás da missão, visão e valores de sua empresa. *Administradores*, 9 abr. 2013. Disponível em: <http://www.administradores.com.br/noticias/negocios/a-estrategia-por-tras-da-missao-visao-e-valores-de-sua-empresa/74746/>. Acesso em: 8 out. 2018.

BUENO, E. Alinhamento estratégico, missão, valores e visão. *Empresários Brilhantes*, 14 fev. 2017. Disponível em: <http://empresariosbrilhantes.com.br/missao-valores-e-visao/>. Acesso em: 8 out. 2018.

CATEN, C. T. Planejamento estratégico: Santander e uma sequência monumental de erros. Estudo de Caso. *Administradores*, 21 set. 2017. Disponível em: <http://www.administradores.com.br/artigos/negocios/planejamento-estrategico-santander-e-uma-sequencia-monumental-de-erros-estudo-de-caso/106995/?desktop=true>. Acesso em: 8 out. 2018.

CEARÁ. Pró- Reitoria de Planejamento e Orçamento da Universidade Federal do Cariri. *Referencial estratégico*. Juazeiro do Norte, CE, 21 out. 2015. Disponível em: <https://www.ufca.edu.br/portal/files/UFCA-PROPLAN-CPGE_-_PEI_-_Referencial_Estratgico_da_UFCA(1).pdf>. Acesso em: 8 out. 2018.

CHIAVENATO, I. *Gestão de pessoas*. 9. ed. Rio de Janeiro: Elsevier, 2005.

DILTS, R. B. Níveis de aprendizado e mudança dentro da organização. *Golfinho*, 22 set. 2006. Disponível em: <https://www.golfinho.com.br/artigo/alinhando-visao-valores-e-acoes-numa-organizacao-saudavel.htm>. Acesso em: 8 out. 2018.

EGESTOR. O que são missão, visão e valores de uma empresa? *Egestor*, 22 mar. 2018. Disponível em: <https://blog.egestor.com.br/missao-visao-e-valores-de-uma-empresa/>. Acesso em: 8 out. 2018.

ESTRATÉGIA. *Petrobras*, [2018]. Disponível em: <http://www.petrobras.com.br/pt/quem-somos/estrategia/>. Acesso em: 8 out. 2018.

GOOGLE. Sobre. *Google*, [2018]. Disponível em: <https://www.google.com/intl/pt-BR/about/>. Acesso em: 8 out. 2018.

GRANDO, N. A ideologia central da empresa e a estratégia: missão, valores e visão. *Blog do Nei*, 21 set. 2011. Disponível em: <https://neigrando.wordpress.com/2011/09/21/a-ideologia-central-da-empresa-e-a-estrategia-missao-valores-e-visao/>. Acesso em: 8 out. 2018.

IAS, G. Perdidas no tempo: 10 grandes empresas que já estiveram no topo. *Tecmundo*, 29 mai. 2014. Disponível em: <https://www.tecmundo.com.br/empresas-e-instituicoes/56240-perdidas-tempo-10-grandes-empresas-estiveram-no-topo.htm>. Acesso em: 8 out. 2018.

LIBERATO, R. Missão, visão e valores de uma empresa: entenda o que é e como devem ser definidos. *Senior Blog*, 17 ago. 2018. Disponível em: <https://www.senior.com.br/blog/missao-visao-e-valores-de-uma-empresa-entenda-o-que-e-e-como-devem-ser-definidos/>. Acesso em: 8 out. 2018.

MACHADO, D. S. *Filosofia institucional:* missão, visão, valores do sistema de bibliotecas da Universidade Federal do Rio Grande do Sul. 2009. Monografia (Especialização em Gestão de Bibliotecas Universitárias) - Faculdade de biblioteconomia e Comunicação, Universidade Federal do Rio Grande do Sul, Porto Alegre, 2009. Disponível em: <http://www.lume.ufrgs.br/bitstream/handle/10183/18488/000730113.pdf>. Acesso em: 8 out. 2018.

MAXIMIANO, A. C. A. *Administração para empreendedores*. 2. ed. São Paulo: Pearson, 2011.

MIGUEL, L. A. P.; TEIXEIRA, M. L. M. Valores organizacionais e criação do conhecimento organizacional inovador. *Revisa de Administração Contemporânea*, Curitiba, v. 13, n. 1, p. 36-56, jan./mar. 2009. Disponível em: <http://www.scielo.br/scielo.php?script=sci_arttext&pid=S1415-65552009000100004>. Acesso em: 8 out. 2018.

NAKAGAWA, M. Ferramenta: missão, visão, valores (clássico). *SEBRAE*, [2018]. Disponível em: <http://www.sebrae.com.br/Sebrae/Portal%20Sebrae/Anexos/ME_Missao-Visao-Valores.PDF>. Acesso em: 8 out. 2018.

OLIVEIRA, D. P. R. *Planejamento estratégico:* conceitos metodologia práticas. 32. ed. São Paulo: Atlas, 2014.

PORTO, M. A. Missão e visão organizacional: orientação para a sua concepção. In: Encontro Nacional de Engenharia de produção, 1997, Rio de Janeiro. *Anais...* Rio de Janeiro: Associação Brasileira de Engenharia de Produção, 1997. Disponível em: <http://www.abepro.org.br/biblioteca/ENEGEP1997_T4105.PDF>. Acesso em: 8 out. 2018.

TAVARES, M. C. *Gestão estratégica*. 2. ed. São Paulo: Atlas, 2005.

Leituras recomendadas

MINTZBERG, H. *O processo da estratégia*. Porto Alegre: Bookman, 2006.

MINTZBERG, H.; AHLSTRAND, B.; LAMPEL, J. *Safari da estratégia*. Porto Alegre: Bookman, 2019.

THOMPSON JUNIOR, A. A.; STRICKLAND, A. J. *Planejamento estratégico:* elaboração, implementação e execução. São Paulo: Pioneira, 2000.

WRIGHT, P.; KROLL, M. J.; PARNELL, J. *A administração estratégica:* conceitos. 4. ed. São Paulo: Atlas, 2000.

Gestão estratégica

Objetivos de aprendizagem

Ao final deste texto, você deve apresentar os seguintes aprendizados:

- Definir gestão estratégica.
- Identificar as principais características da gestão estratégica.
- Relacionar gestão estratégica e governança corporativa.

Introdução

O mercado está cada vez mais competitivo e dinâmico. Assim, a gestão estratégica é uma premissa para que as empresas consigam lidar com as adversidades do ambiente, uma vez que visa administrar os recursos no intuito de atingir os objetivos previamente definidos pela organização, traçando planos estratégicos que passam toda a estrutura organizacional. Outra maneira de sobreviver às adversidades do mercado e, além disso, alcançar o sucesso é aliar a gestão estratégica à governança corporativa por meio de um sistema de controle que promova relacionamentos e compromisso entre todos os interessados, incluindo líderes e colaboradores.

Neste capítulo, estudaremos o conceito de gestão estratégica, apontaremos as suas características fundamentais e, por fim, consideraremos a sua relação com a governança corporativa.

Evolução histórica da gestão estratégica

A gestão estratégica surgiu como disciplina influenciada pela economia e pela sociologia, sendo considerada uma evolução da Teoria das Organizações, de Max Weber (1864–1920). Conquistou notoriedade nos âmbitos empresarial e acadêmico a partir da década de 1950, embora o seu progresso tenha ocorrido somente nos anos seguintes, entre 1960 e 1970. O propósito central dessa ação tática que auxilia as organizações na busca pelo sucesso é integrar ambiente, empresa e estratégia de maneira sinérgica, ou seja, de forma que conversem entre si (BHALLA et al., 2009).

A gestão estratégica é um modelo sistemático para a administração de mudanças e inclui:

- posicionamento da empresa por intermédio de planejamento e estratégias organizacionais;
- resposta estratégica rápida para administrar problemas;
- gestão sistemática da resistência durante a implementação da estratégia.

Stead e Stead (2008) afirma que a gestão estratégica nasceu com a definição de políticas empresariais. Nesse contexto, a empresa era percebida como um sistema que empregava recursos econômicos com eficiência e governava as ações funcionais com o propósito de gerar lucro. Por outro lado, Porth (2011) defende que a gestão estratégica surgiu como um fragmento presente no planejamento estratégico, atualmente conhecido como uma das suas principais ferramentas. Segundo o autor, o planejamento foi assimilado pela gestão, que unificou os dois procedimentos no mesmo processo.

Fique atento

Na gestão estratégica, é necessário relacionar diversos aspectos em um planejamento estratégico adequado para não apenas minimizar os custos finais, mas também para criar valor e cumprir com os objetivos da organização. Por meio dela, desenvolve-se um posicionamento para a criação de valor em vez de focar-se somente em minimizar os custos finais para os clientes. Para que isso ocorra, uma série de aspectos devem ser analisados e relacionados com vistas a atingir os objetivos previamente definidos pela organização.

Ainda, a gestão estratégica pode ser definida como um procedimento cruzado de elaboração, implementação e avaliação das deliberações qualificadoras das empresas cujo objetivo é determinar a missão da organização, atingi-la e, também, criar valor para os produtos ou serviços oferecidos aos clientes. Esse processo enfatiza diversas indagações indispensáveis sobre o caráter da empresa:

- Qual é o negócio da empresa?
- Em que a empresa deseja transformar-se?
- Qual é o público-alvo da empresa?
- O que cria valor para os seus clientes atuais e em potencial?

Fundamentado nas respostas a essas questões, o processo de gestão estratégica auxilia a determinar a direção futura da organização com o intuito de **gerar valor** para os clientes e, por conseguinte, para a empresa como um todo (PORTH, 2011). Segundo Grant (2002), a gestão estratégica abrange um profundo relacionamento entre o intuito da empresa, os resultados que ela alcança e as demais variáveis relativas aos seus ambientes interno e externo. Assim, para realizar um bom desenvolvimento da gestão, é necessário identificar as relações entre sistema de gestão, estratégia elegida, estruturas do momento, capacidades e recursos disponíveis. Ademais, a gestão estratégica também poder ser entendida a partir do seu foco em assuntos que envolvem sustentabilidade nas vantagens competitivas ou a procura por essa espécie de vantagem (BOWMAN; SINGH; THOMAS, 2006).

A gestão estratégica também pode ser conceituada como um processo contínuo que abrange os esforços dos líderes para harmonizar a totalidade da empresa em relação aos seus ambientes interno e externo a fim de criar vantagens competitivas. Tais vantagens oferecem à organização a oportunidade de usufruir das oportunidades que se apresentam e minimizar as ameaças já presentes no ambiente. Todavia, para a criação dessas vantagens competitivas, a gestão deve iniciar-se com base nas perspectivas sobre o que a organização é e o que ela pretende tornar-se, pois somente com o conhecimento das suas competências distintivas é que as estratégias, em todos os níveis, podem ser constituídas com vistas a cumprir com os objetivos corporativos em harmonia com o ambiente externo. Assim, a gestão estratégica exige a determinação da missão e dos propósitos da empresa nos âmbitos tanto do ambiente interno quanto do externo (STEAD; STEAD, 2008).

Formada por análises, definições, atividades empreendidas para conceber e sustentar vantagens competitivas, Dess, Lumpkin e Eisner (2007) explicam que a gestão estratégica deve tornar-se um processo e a orientação para todas as atividades executadas pela empresa. De acordo com o entendimento desses autores, há dois **princípios** que residem no cerne dessa espécie de gestão:

1. A execução contínua de três processos — análise, decisão e ação.
2. A natureza de investigar por que algumas empresas possuem um melhor desempenho do que as demais, o que reporta às já comentadas vantagens competitivas.

Além disso, os teóricos também indicam os seguintes **atributos** fundamentais para a gestão estratégica:

- desenvolver-se com vistas a atingir as metas globais da empresa;
- englobar diversos *stakeholders* no processo de tomada de decisão;
- incorporar concepções de longo e curto prazos;
- abranger o reconhecimento de *trade-offs* entre eficiência e efetividade.

A gestão estratégica desenvolve as percepções de estratégia empresarial presentes no dia a dia das organizações, uma vez que incorpora as análises dos ambientes interno e externo para aumentar a utilização de recursos com o intuito de alcançar os objetivos definidos. Dessa maneira, a gestão estratégica proporciona um modelo de desenvolvimento de habilidades para que as empresas se precipitem às mudanças em vez se serem surpreendidas por imprevistos. Além disso, auxilia a desenvolver capacidades específicas para tratar incertezas futuras por meio da determinação de atividades para efetivar as metas da empresa (BRACKER, 1980).

Fundamentados no que aprendemos até aqui, percebemos que há muitas definições possíveis para o conceito de gestão estratégica, visto que o planejamento estratégico é um campo de estudos em expansão, de modo que existem divergências e níveis relativamente baixos de produção acadêmica ainda hoje (BOYD; FINKELSTEIN; GOVE, 2005). Nos dias atuais, a gestão estratégica é uma das áreas mais ágeis no que tange a desenvolvimento teórico e prático, tendo em vista a criação de vários modelos de análise de mercado a partir da década de 1960, como o modelo SWOT (do inglês *strengths, weaknesses, opportunities and threats*), a matriz BCG, a curva de experiência e a análise de portfólio, além de relevantes conceitos, como os de análise de conduta, desempenho, estrutura econômica, competências essenciais, distintivas e sistemas de planejamento estratégico (MINTZBERG; AHLSTRAND; LAMPEL, 2010). Dess, Lumpkin e Eisner (2007) corroboram ao afirmar que essa área é uma das mais relevantes atualmente, pois é capaz de criar um conjunto de atividades gerenciais que garantam aos líderes da organização conservá-la integrada ao seu meio e no caminho mais adequado para o seu progressivo desenvolvimento, proporcionando que os objetivos e a missão empresariais sejam alcançados.

Fique atento

É importante recordarmos que gestão estratégica e planejamento estratégico não são sinônimos, isto é, não compartilham o mesmo conceito, já que são distintos um do outro. Entretanto, a gestão deve estar em total harmonia com o planejamento, pois é preciso pensar nele, que é o pilar de sustentação de toda e qualquer organização, antes de implantar-se o processo de gestão estratégica.

Principais características da gestão estratégica

De acordo com Hunger e Wheelen (2002), a gestão estratégica apresenta três elementos indispensáveis ao seu desenvolvimento: análise sistemática do ambiente, formulação e implementação da estratégia. Os líderes da empresa devem realizar um estudo sistemático do ambiente externo, examinando a existência de forças e fraquezas, com o objetivo de mapear oportunidades e ameaças que possam recair sobre o ambiente interno. Esses elementos, que correspondem às mencionadas forças, fraquezas, oportunidades e ameaças, são analisados com o auxílio da matriz SWOT, sendo reconhecidos como fatores estratégicos, indispensáveis para o futuro da empresa.

A gestão estratégica organiza os atributos que os vários setores têm a dar para a organização, de modo a guiar a integração dos esforços exprimidos pelos diversos especialistas distribuídos pela empresa. Essa gestão impossibilita o individualismo de cada setor, pois entende que os objetivos são de todos para todos. Contudo, ainda podemos constatar tal individualismo em certos setores quando simplesmente ignoram as necessidades e os interesses do coletivo, que inclui clientes, acionistas, fornecedores, entre outros, pois se preocupam apenas com o conjunto de interessados que lideram, denominados *stakeholders*. Além de integrar esforços para criar vantagens competitivas, a gestão estratégica possibilita uma visão temporal mais propícia à sobrevivência corporativa, tanto a curto quanto a longo prazo (MILLER; DESS, 2011).

Em síntese, essa forma de gestão caracteriza-se por analisar o que foi planejado pela organização e o que de fato é implementado para, assim, assegurar que os propósitos definidos sejam conquistados da maneira mais coerente possível. Para isso, é necessário que a organização realize a análise, a formulação e a implementação da estratégia. Posto isso, nos próximos parágrafos comentaremos com maiores detalhes cada uma dessas três etapas e os diversos níveis que integram o processo de formulação da estratégia.

Análise estratégica

Indispensável à criação de uma estratégia que esteja em concordância com todo o processo, a análise estratégica ocorre em três partes:

1. objetivos estratégicos;
2. ameaças e oportunidades;
3. fraquezas e forças.

Nesse contexto, o desenvolvimento da missão, da visão e dos valores guia os esforços dos líderes e colaboradores em uma mesma direção. Os objetivos estratégicos, por sua vez, possuem dois focos distintos nas empresas: o alvo a atingir e o elemento concentrador que permite que a empresa chegue a esse alvo. Lembremos que as finalidades sempre devem ser consideradas de acordo com as circunstâncias enfrentadas pela empresa no momento.

O estudo das forças, fraquezas, oportunidades e ameaças, que se concentra na matriz SWOT, é composto pela relação das forças e fraquezas internas em função das oportunidades e ameaças do ambiente externo. Dessa reflexão, resulta o sucesso da gestão estratégica. Por exemplo, novos clientes são recursos externos que podem colaborar com o crescimento da organização, motivo pelo qual são interpretados como oportunidades. Entretanto, esse mesmo ambiente que oferece oportunidades para a empresa pode apresentar ameaças, como no caso de concorrência. Assim, para desenvolver estratégias atrativas, os líderes precisam conhecer os limites e as capacidades da organização. Ademais, é durante a análise estratégica que nascem forças, como mão de obra extremamente qualificada, mas também fraquezas, como sistemas de informação ultrapassados (MILLER; DESS, 2011).

Formulação da estratégia

Uma análise estratégica apropriada serve como base para a formulação da estratégia, que acontece em quatro níveis: de negócios, funcional, empresarial e internacional. Esses níveis partem do pressuposto de que as organizações se compõem de negócios e os negócios, de funções. Na hipótese de uma empresa que possui negócios em dois países ou mais, desenvolve-se o nível internacional (MILLER; DESS, 2011).

Nível de negócios

É considerado o nível mais relevante, pois é o momento em que a organização intenta elevar a sua presença no mercado e ultrapassar as concorrentes. Uma organização com diversos itens no mercado deve estudar em qual setor de negócios cada um dos seus bens ou serviços se situará. Assim, se a estratégia abranger mais do que um dos itens ou mercados, esses bens ou serviços podem estar presentes nas mesmas unidades estratégicas de negócios (*strategic business unit* [SBU]). Caso ela não ampare, as ações sobre esses itens devem ser distribuídas em diferentes unidades estratégicas de negócios. O caso dos negócios individuais é um dos exemplos mais simples, pois esse tipo de negócio concentra a gestão estratégica em um só ponto (MILLER; DESS, 2011).

Nível funcional

As vantagens competitivas que tornam a ascensão do negócio ou da área de negócios provável dependem da imagem e do valor que a empresa entrega ao seu público-alvo. Esse valor precisará ser expandido em funções conhecidas como primárias. Já as secundárias, como a administração de sistemas de informação e recursos humanos, também geram valor aos consumidores, contudo de maneira indireta se comparadas às funções primárias (MILLER; DESS, 2011).

Nível empresarial

Uma organização cresce por meio da inserção de áreas de negócios, ou seja, em função da multiplicidade de negócios. Dessa forma, as estratégias mais atraentes com vistas a diversificar os setores de atuação são aquelas nas quais a organização focaliza os seus conhecimentos nas áreas problemáticas ou restritas. Trata-se de setores onde o conhecimento está presente apenas em um pequeno grupo e geralmente não é transmitido, o que origina a denominação **competências fechadas**. Em uma organização cujas forças são competências fechadas, pode haver uma excelente oportunidade de diversificação de negócios.

As estratégias presentes no nível empresarial, com apoio na diversificação, são desenvolvidas de forma mais adequada quando contam com a análise dos requisitos para sucesso a nível dos negócios, que se encontra na criação de valor para o consumidor no nível funcional. Assim, a formulação da estratégia deve conjugar-se de maneira restrita com os três níveis descritos para, desse modo, aumentar a própria eficácia (MILLER; DESS, 2011).

Nível internacional

No desenvolvimento da estratégia, as empresas mais complexas não apresentam desafios apenas nos níveis de negócios, funcional e empresarial. Para atuar em outros países, cujas características socioculturais e político-econômicas são diferentes das do seu país de origem, as multinacionais encaram desafios que ultrapassam o nível nacional. Nesse contexto, para alcançar certa flexibilidade nos mercados locais, algumas organizações concedem autonomia completa às suas unidades de negócio espalhadas pelo mundo, estratégia conhecida como **multinacional**, segundo a qual cada unidade é a única incumbida pelo mercado que integra. Por outro lado, há a **estratégia global**, que objetiva aproveitar ao máximo as forças da organização por meio da centralização das operações. Ademais, existem também as **estratégias híbridas**, criadas com o intuito de aproveitar o melhor de ambas as estratégias, sejam elas globais ou multinacionais (MILLER; DESS, 2011).

Implementação da estratégia

A implementação da estratégia remete ao modo de converter as estratégias pretendidas em estratégias realizadas e é composta por integração, estrutura organizacional, controle e liderança. Para a concepção integral de uma estratégia, são indispensáveis diversas formas de integração, sendo que uma delas é a união dos elementos presentes no âmbito interno da empresa, ação indispensável à implementação da estratégia pretendida. Outra expressão de integração consiste em unir funções a negócios, negócios a organizações e operações internacionais a multinacionais. Entretanto, o mais difícil é unir as metas de curto prazo às de longo prazo, presentes na missão e na visão da empresa.

Para a implementação de uma estratégia na organização, alguns pontos são fundamentais, tais como a delegação de responsabilidades e a presença de canais de comunicação, pois apoiam os líderes no desenvolvimento da estrutura organizativa. É necessário controlar esse processo por causa de dois motivos basilares: para conservar os esforços focados nas mesmas metas e para proceder com as modificações sempre que necessário, isto é, quando surgirem imprevistos. Os instrumentos utilizados pelos líderes para efetivar esse controle e estimular ou reprimir determinadas atitudes dos funcionários podem ser prêmios ou compensações, regras explícitas ou a própria cultura da empresa. Nesse contexto, os gestores são os arquitetos da estrutura organizativa e os engenheiros dos sistemas de controle da empresa são, em síntese, a principal força de implementação da estratégia.

A cultura da organização é utilizada para transportar as visões e ajustar as ideias, de maneira a motivar os comportamentos e os pensamentos dentro da empresa. Assim, a ética é um elemento indispensável e cuja responsabilidade recai sobre os líderes, já que é um dos elementos mais importantes da cultura da organização, sendo imprescindível à sua sobrevivência no mercado (MILLER; DESS, 2011).

Saiba mais

A gestão estratégica é bastante eficiente na conscientização dos colaboradores da organização no que tange às suas responsabilidades enquanto funcionários e pode interferir de modo positivo na elevação da produtividade e da competitividade do negócio. Além disso, a gestão é capaz de auxiliar os líderes na destinação correta de recursos, no aumento da rentabilidade e na minimização de desperdícios. Portanto, é na gestão estratégica que a empresa deve basear-se para melhorar de forma contínua o seu negócio e, assim, garantir sobrevivência no mercado, tanto a curto quanto a longo prazo.

Gestão estratégica e governança corporativa

Como já mencionamos, a gestão estratégica organiza as características presentes em inúmeras áreas da empresa a fim de aproveitá-las para gerar vantagem competitiva, de modo a configurar-se como a base para a integração dos esforços desenvolvidos pelos diversos especialistas presentes na empresa. Mas, afinal, o que é a governança corporativa?

A **governança corporativa** é definida como o sistema pelo qual as empresas são dirigidas, monitoradas e incentivadas, abrangendo os relacionamentos entre donos, conselho de administração, diretoria e órgão de controle. Essas condutas fazem com que as informações perpassem a organização e transformem as suas concepções, bem como as recomendações práticas e objetivas de acordo com os interesses de preservação e otimização do valor da empresa, o que colabora com a sua sustentabilidade e longevidade (INSTITUTO BRASILEIRO DE GOVERNANÇA CORPORATIVA, 2015). Silva (2006) afirma que a governança cuida dos interesses dos acionistas em conexão com os relacionamentos com a direção executiva e os conselhos de administração, mas também pode influenciar outras partes interessadas, seja elas externas, tais como fornecedores, clientes, governo, sociedade, ou internas, como no caso de colaboradores e terceirizados. Lameira (2007), por seu turno, tece a ressalva de que a governança corporativa gera uma maior dificuldade decisória, pois a pessoa ou o grupo enfrenta dificuldades na escolha de uma alternativa de ação ao defrontar-se com um motivo.

Conforme o Instituto Brasileiro de Governança Corporativa (2015), a governança corporativa se forma com base nos seguintes atributos:

- **Transparência** — visa expor às partes interessadas as informações que sejam do seu proveito, não somente por determinação legal.
- **Equidade** — o apoio é constituído pelo tratamento pautado em princípios de justiça e isonomia por parte de todos os *stakeholders*, sejam eles sócios, diretores ou outros. Logo, é preciso atentar aos seus direitos, deveres, desejos e expectativas.
- **Prestação de contas** — aqueles que ocupam o lugar da governança corporativa (sócios, diretores, conselho de administração, etc.) necessitam efetivar a prestação de contas de forma clara, precisa, compreensível e apropriada. A importância dessa prática reside no fato de que, assim, a governança pode responder pelas suas ações ou omissões frente aos interessados, além de ser solicitada a agir com precaução, diligência, cautela e responsabilidade.
- **Responsabilidade corporativa** — os encarregados pela governança devem cuidar da efetividade, da exequibilidade e dos aspectos econômico-financeiros da empresa com foco em reduzir externalidades negativas dos negócios e operações, além de aumentar as impressões positivas, atentando ao modelo de negócios, aos diversos capitais (financeiro, manufaturado, intelectual, humano, social, ambiental, reputacional, etc.) a curto, médio e longo prazo.

Assim, a governança corporativa atua como ferramenta da gestão estratégica, tendo em vista que entre os seus principais atributos estão a transparência, a responsabilidade corporativa, a prestação de contas e a equidade, além de possuir a excelência como uma das suas diretrizes. A transparência possibilita que os acionistas conquistem mais confiabilidade nos relatórios exibidos pelos líderes no mercado. A prestação de contas, por sua vez, minimiza a propensão do uso incorreto de recursos e estimula a boa administração deles. Já a equidade assegura que os acionistas possuam direitos iguais. Por fim, a responsabilidade corporativa visa impedir a administração incorreta, posto que responsabiliza os líderes que procedem de má fé pelos seus atos administrativos. Fundamentada nesses atributos, a governança propõe-se a apresentar informações com qualidade e confiabilidade superiores.

As organizações podem equiparar a governança corporativa à gestão estratégica e averiguar os resultados positivos no tangente à administração de recursos e na conquista de investidores. Por meio dessa forma de governança, é possível negociar com investidores, pois a organização compromete-se a prestar contas e a ser transparente, o que torna o negócio atrativo aos investidores. Contudo, a organização que introduz a governança corporativa assume os custos da sua implantação, embora possa procurar investidores que aceitem uma taxa de retorno de investimento mais baixo. Afinal, a empresa enfatiza as suas boas condutas e defende os acionistas publicamente. Com isso, obtém um rendimento maior, dada a economia no custo de captação de recursos e no endividamento menor, uma vez que o valor empreendido para procurar investidores no mercado é mais baixo do que a busca por financiamentos ou empréstimos em instituições financeiras.

Fique atento

A **gestão empresarial** corresponde ao processo geral de tomada de decisões em uma organização, ao passo que a **governança corporativa** é o conjunto de regras e práticas que garantem que a organização cumpre, de fato, com os seus deveres frente aos *stakeholders*.

Na negociação competitiva, tanto a empresa quanto o investidor possuem interesses: a organização no sentido de ter um acionista com custo menor e o investidor ao realizar um investimento de menor risco. Assim, o modelo de gestão que emprega a governança corporativa protege o direito dos acionistas, de forma que as organizações a utilizam como uma das suas estratégias para captar e manter investidores por um custo mais baixo (ROMANA, 2014).

Saiba mais

Uma organização que emprega a governança corporativa dispõe de mais credibilidade perante investidores. Para iniciar essa forma de governança, alguns dispositivos possíveis são a criação de diretorias temáticas (finanças, comercial, fiscal, etc.), a instauração de um conselho administrativo ou consultivo, entregas de relatórios periódicos, ferramentas de gestão, auditorias independentes, entre outros. Para saber mais sobre essas práticas, sugerimos a leitura de "3 práticas de governança corporativa essenciais às empresas", da revista Exame, disponível no *link* a seguir.

https://goo.gl/z7UjYW

Exercícios

1. Qual das alternativas a seguir apresenta uma das diversas definições possíveis para o conceito de gestão estratégica?
   a) A gestão estratégica cuida dos interesses dos acionistas em conexão com os relacionamentos com a direção executiva das empresas e com os conselhos de administração.
   b) A gestão estratégica é um sistema pelo qual as empresas são dirigidas, monitoras e incentivadas, o que abrange os relacionamentos entre donos, conselho de administração, diretoria e órgão de controle.
   c) A gestão estratégica é um processo contínuo, que abrange os esforços dos líderes no que tange à harmonização da totalidade da empresa com os seus ambientes interno e externo para criar vantagens competitivas.
   d) A gestão estratégica constitui-se pelo tratamento pautado em princípios de justiça e isonomia por parte de todos os *stakeholders*, sejam eles sócios, diretores ou outros indivíduos.
   e) A gestão estratégica possibilita que os acionistas disponham de mais confiabilidade nos relatórios exibidos pelos líderes no mercado.

2. A gestão estratégica ocorre por meio de etapas que visam analisar o que foi planejado pela organização e o que é implementado de fato para, assim, assegurar que os propósitos definidos pela empresa sejam conquistados da maneira mais coerente possível. Quais são essas etapas?

- a) Formulação, implementação e idealização da estratégia.
- b) Implementação, estudo e execução da estratégia.
- c) Implementação, formulação e execução da estratégia.
- d) Análise estratégica, formulação e implementação da estratégia.
- e) Análise estratégica, idealização e implementação da estratégia.

3. Na gestão estratégica, quando formula a sua estratégia, a empresa deve atentar aos níveis para realizar o desenvolvimento de forma correta e coerente em relação às próprias características. Qual é o nível que se preocupa em expandir as vantagens competitivas para todas as áreas que constituem o negócio?
- a) Nível funcional.
- b) Nível internacional.
- c) Nível empresarial.
- d) Nível de negócios.
- e) Nível estratégico.

4. Quais são os pilares da governança corporativa que proporcionam benefícios para a gestão estratégica na organização?
- a) Equidade, gestão sistemática e prestação de contas.
- b) Estratégia, gestão sistemática, responsabilidade corporativa e prestação de contas.
- c) Transparência, estratégia, responsabilidade corporativa e equidade.
- d) Equidade, estratégia, transparência e responsabilidade corporativa.
- e) Transparência, equidade, prestação de contas e responsabilidade corporativa.

5. Como a relação entre governança corporativa e gestão estratégica pode beneficiar a organização?
- a) Ao auxiliar no desenvolvimento da gestão estratégica, já que promove o planejamento estratégico nas empresas.
- b) Ao auxiliar a gestão estratégica, pois possui a excelência como uma das suas diretrizes e busca apresentar informações com qualidade e confiabilidade superiores.
- c) Ao auxiliar no desenvolvimento da gestão estratégica, pois análise, formulação e implementação da estratégia estão dentre as suas principais características.
- d) Ao auxiliar a gestão estratégica, uma vez que os seus níveis de negócios, funcional, empresarial e internacional podem corroborar com a conquista dos objetivos empresariais.
- e) Ao auxiliar a gestão estratégica, pois organiza os atributos que os vários setores têm a dar para a empresa, de forma a guiar a integração dos esforços exprimidos pelos diversos especialistas distribuídos pela empresa.

Referências

BHALLA, A. et al. Exploring alternative strategic management paradigms in high-growth ethnic and non-ethnic family firms. *Small Business Economics*, v. 32, n. 1, p. 77-79, 2009. Disponível em: <https://link.springer.com/article/10.1007/s11187-007-9064-z>. Acesso em: 16 out. 2018.

BOWMAN, E. H.; SINGH, H.; THOMAS, H. The domain of strategic management: history and evolution. In: PETTIGREW, A.; THOMAS, H.; WHITTINGTON, R. (Org.). *Handbook of strategy and management*. Londres: Sage, 2006.

BOYD, B. K.; FINKELSTEIN, S.; GOVE, S. How advanced is the strategy paradigm? The role of particularism and universalism in shaping research outcomes. *Strategic Management Journal*, v. 26, n. 9, 2005. Disponível em: <https://onlinelibrary.wiley.com/doi/full/10.1002/smj.477>. Acesso em: 16 out. 2018.

BRACKER, J. The historical development of the strategic management concept. *The Academy of Management Review*, v.5, n. 2, p. 219.224, 1980. Disponível em: <https://www.jstor.org/stable/257431?seq=1#page_scan_tab_contents>. Acesso em: 16 out. 2018.

DESS, G. G.; LUMPKIN, G. T.; EISNER, A. B. *Strategic management*. 3. ed. New York: McGraw-Hill, 2007.

GRANT, R. M. Corporate strategy: managing scope and strategy content. In: PETTIGREW, A.; THOMAS, H.; WHITTINGTON, R. (Org.). *Handbook of strategy and management*. Londres: Sage, 2002.

HUNGER, J. D.; WHEELEN, T. L. *Gestão estratégica:* princípios e prática. 1. ed. Rio de Janeiro: Reichmann & Editores, 2002.

INSTITUTO BRASILEIRO DE GOVERNANÇA CORPORATIVA. *Código das melhores práticas de governança corporativa*. São Paulo, 2015. Disponível em: <http://www.ibgc.org.br/userfiles/files/Publicacoes/Publicacao-IBGCCodigo-CodigodasMelhoresPraticasdeGC-5aEdicao.pdf>. Acesso em: 16 out. 2018.

LAMEIRA, V. J. *Governança corporativa*. Rio de Janeiro: Florense Universitária, 2007.

MILLER, D.; DESS, G. *Strategic management*. New York: McGraw Hill, 2011.

MINTZBERG, H.; AHLSTRAND, B.; LAMPEL, J. *Safari da estratégia*. Porto Alegre: Bookman, 2010.

PORTH, S. J. *Strategic management:* a cross-functional approach. New Jersey: Prentice Hall, 2011.

ROMANA, T. Gestão estratégica e Governança corporativa. *Lopes Machado*, Rio de Janeiro, 25 out. 2014. Disponível em: <http://lopesmachado.com/gestao-estrategica-e-governanca-corporativa/>. Acesso em: 16 out. 2018.

SILVA, A. L. C. *Governança corporativa e sucesso empresarial:* melhores práticas para aumentar o valor da firma. São Paulo: Saraiva, 2006.

STEAD, J. G.; STEAD, W. E. Sustainable strategic management: an evolutionary perspective. *International Journal of Sustainable Strategic Management*, v. 1, n. 1, 2008. Disponível em: <https://www.inderscienceonline.com/doi/pdf/10.1504/IJSSM.2008.018127>. Acesso em: 16 out. 2018.

Leituras recomendadas

3 PRÁTICAS de governança corporativa essenciais às empresas. *Exame*, 22 mai. 2015. Disponível em: <https://exame.abril.com.br/pme/3-praticas-de-governanca-corporativa-essenciais-as-empresas/>. Acesso em: 16 out. 2018.

A DIFERENÇA entre governança corporativa e gestão empresarial. *Sispro*, 5 out. 2014. Disponível em: <http://www.sispro.com.br/blog/gestao-empresarial/a-diferenca-entre-governanca-corporativa-e-gestao-empresarial/>. Acesso em: 16 out. 2018.

MINTZBERG, H. *O processo da estratégia*. Porto Alegre: Bookman, 2006.

THOMPSON JUNIOR, A. A.; STRICKLAND, A. J. *Planejamento estratégico:* elaboração, implementação e execução. São Paulo: Pioneira, 2000.

WRIGHT, P.; KROLL, M. J.; PARNELL, J. *A administração estratégica:* conceitos. 4. ed. São Paulo: Atlas, 2000.

UNIDADE 2

Análise do ambiente externo: macroambiente e indústria

Objetivos de aprendizagem

Ao final deste texto, você deve apresentar os seguintes aprendizados:

- Identificar as variáveis do macroambiente de negócios e como podem influenciar as organizações.
- Definir o que são cenários e a sua importância na análise do ambiente externo.
- Explicar quais são as cinco forças de Porter e como elas ajudam a empresa a realizar o planejamento estratégico.

Introdução

As organizações possuem diversas variáveis externas que podem influenciar o seu funcionamento tanto para melhor quanto para pior. Nesse sentido, a análise de cenários poderá auxiliar no estudo do contexto no qual a empresa está inserida por meio da suposição das circunstâncias futuras, proporcionando visão mais clara do cenário atual e possibilitando a tomada de decisão mais precisa e fundamentada. Além disso, com o auxílio das cinco forças de Porter, a empresa poderá analisar as suas forças e fraquezas perante a indústria e definir estratégias para aproveitar as oportunidades e até as ameaças.

Neste capítulo, você vai estudar sobre as variáveis presentes no macroambiente e as suas influências na formulação da estratégia da empresa, bem como descobrir o que são os cenários e porque são relevantes para a análise do ambiente externo. Você também vai analisar as cinco forças de Porter e como elas auxiliam no planejamento estratégico.

Macroambiente organizacional

Segundo Kotler (2005), o macroambiente é onde a empresa deve começar a sua busca por oportunidades e ameaças. Compreende todas as variáveis externas que influenciam as atividades e o desempenho da organização. Uma vez que essas variáveis são incontroláveis, ou seja, independem de ações da organização, é fundamental realizar uma análise detalhada das tendências dessas variáveis, de forma que a organização possa traçar estratégias adequadas e, por consequência, tomar decisões estratégicas de negócio, como optar por um projeto no lugar de outro. Aqui, consideraremos que o macroambiente é formado pelas variáveis econômica, demográfica, tecnológica, natural, sociocultural e político-legal.

Ambiente econômico

Kotler e Keller (2012) explicam que esse ambiente é formado por fatores que influenciam o **poder de compra** dos indivíduos. O poder de compra de uma economia se origina das reservas de que os indivíduos dispõem, da disponibilidade de crédito e da renda. Assim, torna-se essencial o estudo, por parte da empresa, dos níveis de poupança, endividamento, disponibilidade de crédito e distribuição de renda, para focalizar as suas ações de modo que atendam ao perfil econômico dos seus consumidores.

Para que você entenda um pouco mais como funciona esse processo por parte das empresas, veja o exemplo a seguir.

Exemplo

A indústria de tabaco, no decorrer de muitos anos, obteve altos lucros. Para que isso ocorresse, foram realizados muitos investimentos em recursos financeiros, humanos e políticos para amenizar as políticas de oposição, que apresentavam ao público os malefícios de fumar. Outras ações tomadas por essa indústria foram as pesquisas em relação ao teor de alcatrão e a retirada de toxinas do cigarro, visando continuar atendendo ao público-alvo diante das circunstâncias do período, conforme leciona Reis (2005).

Ambiente demográfico

No que concerne a esse ambiente, as empresas necessitam atentar-se ao crescimento populacional mundial, aos níveis de instrução da população e dos seus potenciais consumidores, à faixa etária dos indivíduos, à composição étnica, às alterações das estruturas familiares, às migrações, etc. Todos esses fatores e vários outros relativos à localidade podem influenciar diretamente os produtos e serviços a serem comercializados e o perfil de público que a empresa ou indústria pretende atender, conforme lecionam Kotler e Keller (2012).

Ambiente tecnológico

Kotler e Keller (2012) explicam que o ritmo das mudanças tecnológicas é extremamente rápido — por consequência, as organizações necessitam estar atentas a essas alterações, buscando oportunidades para inovar, como alterações nas tecnologias já utilizadas e investimentos em planejamento e desenvolvimento, etc.

Betz (1995) afirma que a tecnologia é a ciência da manipulação da natureza para os objetivos dos indivíduos. Assim, a tecnologia consiste no conhecimento de uma técnica funcional para realizar algo. Primeiramente, a tecnologia necessita ser criada e, a seguir, inserida em bens e serviços. Por último, a tecnologia necessita ser preparada, estabelecida e disponibilizada no mercado. A **inovação tecnológica** compreende desde a criação até o emprego do conhecimento para propósitos econômicos.

Ambiente natural

Atualmente, assuntos referentes ao meio ambiente, à natureza e à responsabilidade ambiental estão sendo bastante discutidos. Assim, esses temas se transformam em **variáveis estratégicas** relevantes para a organização. As empresas começam a compreender que muitos recursos já estão limitados no meio ambiente. Um exemplo é a escassez de insumos, que pode impactar diretamente as indústrias, fazendo com que não se consiga desenvolver produtos devido à falta de matéria-prima. Assim, a organização precisa estar atenta a aspectos como a escassez de matérias-primas, os níveis de poluição, os custos de energia e as mudanças no papel dos governos em relação à proteção ambiental, conforme lecionam Kotler e Keller (2012).

O **gerenciamento ambiental** é indispensável para assegurar que a degradação ambiental e, consequentemente, o declínio da qualidade de vida dos indivíduos pare de acontecer. Para isso, as empresas devem se preocupar com a forma como desenvolvem suas atividades, atentando-se ao ambiente natural.

Ambiente sociocultural

Kotler e Keller (2012) afirmam que, no ambiente sociocultural, a empresa deve entender as perspectivas que os indivíduos possuem de si próprios, das outras pessoas, das empresas, da natureza, da sociedade e do universo. As organizações necessitam entregar ao público bens ou serviços que estejam de acordo com os **valores** centrais e secundários da sociedade, bem como abordar as imposições das diversas subculturas presentes na sociedade.

Ambiente político-legal

Esse ambiente é formado por leis, agências governamentais e grupos de pressão que limitam e sugestionam diversas empresas e pessoas. A **legislação de negócios**, além de gerar novos cenários de atuação e oportunidades de mercado para as organizações, dispõe de três propósitos centrais, que são:

- proteger as organizações individualmente;
- proteger os interesses da sociedade;
- proteger os indivíduos de práticas de negócio desleais.

Assim, as empresas deverão realizar as suas atividades respeitando as leis que estabelecem as práticas de negócio em harmonia com os diversos grupos de interesses, conforme lecionam Kotler e Keller (2012).

Por meio da análise do conjunto de elementos presentes no macroambiente, é possível à empresa entender melhor o contexto no qual está inserida, percebendo suas vantagens e ameaças, os prováveis problemas para o seu crescimento, além das oportunidades em potencial. Sendo assim, o macroambiente é um dos pontos centrais de atenção para as organizações.

Fique atento

Analisar o ambiente, o mercado, a renda, as políticas e as legislações vigentes em diversos setores e a cultura dos potencias consumidores, além de verificar como administrar a inovação, contribui para aumentar as possibilidades de a organização se desenvolver de maneira eficiente e eficaz, sendo possível alcançar os resultados que pretende e deseja.

Análise de cenários

Segundo Maximiano (2006), quanto mais competitivo, oscilante e complexo o ambiente, maior é a urgência de estudá-lo. A análise de oportunidades e ameaças do ambiente é uma das bases do planejamento estratégico. Nesse sentido, a análise de cenários surge para apoiar as estratégias da organização, e a sua realização é indispensável para o alcance do desempenho esperado.

O principal propósito da análise de cenários é estudar os **contextos** no qual a organização está inserida, externo e interno, e analisar circunstâncias futuras que poderão acontecer, proporcionando uma visão mais clara do cenário atual e possibilitando a tomada de decisão mais precisa e fundamentada. É importante lembrar que seu principal objetivo é **vislumbrar fatores que podem ser tornar reais no futuro**, conforme explica Moraes (2016).

Ringland (2006) defende que os cenários são fragmentos presentes no planejamento estratégico, que combina utensílios e tecnologias para gerenciar as incertezas do futuro; ou seja, eles são modelos para se antecipar as circunstâncias da "vida real". Os cenários surgem como ferramentas de análise do ambiente externo, delineando possíveis circunstâncias futuras e ajudando no desenvolvimento da estratégia para a empresa. Quanto melhor a concepção e o estudo do cenário, mais elevada será a probabilidade de acerto das definições estratégicas; consequentemente, se for necessária uma **mudança de estratégia**, esta acontecerá de forma mais simples e rápida, conforme as mudanças no ambiente.

Segundo Ribeiro (2006), o cenário é um instrumento utilizado para organizar o entendimento de opções para o ambiente futuro, já que as decisões do momento terão efeito nele. Os cenários não consistem em antevisões do futuro, mas em estudos com base em dados; ou seja, não se trata de previsões do que vai acontecer, mas, sim, de **possibilidades futuras**. Assim, os cenários devem ser utilizados para preparar a empresa para o futuro, e não para prevê-lo.

A utilização do planejamento por cenários se destaca pela forma de capturar várias possibilidades com elevado grau de riqueza nos detalhes. A utilização dos cenários auxilia a empresa a pensar de maneira sistemática e estratégica em relação aos diversos resultados potenciais, sem a influência do ponto de vista, dos preconceitos e das ideias da própria organização. O planejamento por cenários permite que a empresa pense e se prepare para vários possíveis futuros, deixando de lado o comodismo ou o medo de mudar uma circunstância presente favorável, conforme leciona Schoemaker (1995).

Porter (2005) afirma que os cenários são olhares estruturados e consistentes sobre o futuro da organização e se apoiam em um grupo de suposições relacionadas a incertezas relevantes que podem influenciar a estrutura industrial. Trata-se de um significativo instrumento do **processo de tomada de decisões**. Os cenários auxiliam a empresa gerando visões estruturadas de circunstâncias futuras, retratando as incertezas e mostrando como enfrentá-las no futuro.

Segundo Moraes (2016), a metodologia mais utilizada para realizar a análise de cenários para o planejamento estratégico é a **análise SWOT** — sigla em inglês que representa as expressões *strengths*, *weaknesses*, *opportunities and threats*; em português, é também conhecida como análise FOFA, de forças, oportunidades, fraquezas e ameaças. A principal missão da análise SWOT é proporcionar à organização a visualização do cenário atual e caracterizá-lo em cima desses fatores, que, então, poderão ser estudados com relação às perspectivas que auxiliam e atrapalham o negócio, conforme afirma Moraes (2016).

Independentemente da metodologia utilizada pela empresa para realizar a análise de cenários, o seu estudo e desenvolvimento se tornam indispensáveis para que as organizações enfrentem as oscilações do mercado, da economia e da sociedade atual. A análise de cenários vai ajudar a empresa a identificar possíveis ocorrências futuras, de forma consistente, com base em suposições plausíveis sobre os assuntos relevantes que podem influenciá-la, conforme leciona Porter (2005).

Fique atento

Quando a empresa identificar, por meio da análise de cenários, possíveis situações futuras, ela não precisará realizar ações antecipadas, investindo altos valores. Esse momento consiste apenas em análises e estudos de possíveis medidas para o caso de alguma das circunstâncias apontadas ocorrer no futuro. A partir desses estudos, é possível que as organizações se adequem aos eventos caso um dos cenários ocorra, sem a necessidade de uma preparação ou de elevados investimentos iniciais.

As cinco forças de Porter

Em 1979, Michael Porter elaborou um modelo de forças básicas que determinam a **competitividade** dentro de uma indústria, demonstrando de que maneira essas forças estão relacionadas. Esse modelo foi chamado de cinco forças de Porter, conforme leciona Certo (2005). Porter (2005) apresenta as cinco forças:

1. **Ameaça de novos entrantes** — define a probabilidade de novas organizações entrarem em uma área da indústria e conquistarem mercado. O grau da ameaça de entrada está ligado à expectativa dos entrantes quanto às barreiras existentes e à reação da concorrência.
2. **Poder de barganha dos consumidores** — os consumidores competem com a indústria de forma a pressionar a redução dos valores dos bens e serviços, negociando por melhor qualidade ou mais serviços e jogando uma empresa contra a outra, sendo possível que comprometam até mesmo a rentabilidade da indústria.
3. **Ameaça de produtos substitutos** — instituem um valor máximo para os preços e estabelecem o quanto um item pode satisfazer as mesmas necessidades do consumidor. O reconhecimento de produtos substitutos ocorre por meio de pesquisas, buscando-se outros itens que possam desempenhar a mesma função na indústria. Os bens substitutos podem limitar ou mesmo diminuir as taxas de retorno de uma indústria ao forçarem a formação de um teto nos valores que as empresas podem fixar como lucro.
4. **Poder de negociação dos fornecedores** — os fornecedores são capazes de barganhar sobre a indústria quando ameaçam elevar os valores ou baixar a qualidade dos itens. Caso o setor possua poucos fornecedores, ou o nível de diferenciação da matéria-prima for baixa, o poder de barganha dos fornecedores se eleva por meio do fornecimento exclusivo ou monopólio.
5. **Rivalidade entre a concorrência existente** — a rivalidade entre a concorrência de uma indústria pode ser entendida como a disputa por posição entre as organizações que já desempenham suas atividades em um mesmo mercado. Uma de suas características é a utilização de mecanismos como batalhas publicitárias, concorrência de preços, inserção de novos bens ou serviços e aumento das garantias aos consumidores.

Na prática

O reconhecimento das forças que atuam em ambientes competitivos permite à organização definir estratégias e apoiar tomadas de decisão.

A seguir, por meio da Realidade Aumentada, teste seus conhecimentos sobre as 5 Forças de Porter.

1. Acesse a página **https://bit.ly/2JvAj7g** e baixe o aplicativo Sagah Planejamento estratégico. Se preferir, use o QR code ao lado para baixar o aplicativo.
2. Abra o aplicativo e aponte a câmera para a imagem a seguir:

Essas cinco forças definem a **capacidade de lucro final** na indústria, que é avaliada em relação ao retorno a longo prazo sobre o capital aplicado. Esse modelo possibilita a identificação dos motivos pelos quais as forças agem no ambiente competitivo de cada organização. Após a concepção desse estudo, cada organização pode reconhecer as suas forças e fraquezas frente à indústria e definir estratégias de maneira a se proteger das forças constatadas.

A soma dessas forças define o **potencial de desempenho**. Trata-se, portanto, de uma ferramenta que ajuda a organização a agir estrategicamente, atentando-se aos seus ambientes interno e externo para tais decisões. O conhecimento dos pontos de pressão auxilia a empresa a definir qual será a sua ação no mercado e aponta os seus pontos fracos e fortes, auxiliando no seu posicionamento no setor, esclarecendo em quais setores vai precisar realizar mudanças estratégicas para elevar o seu retorno sobre investimento e apontando quais os pontos em que as tendências setoriais são mais significativas em relação a oportunidades ou ameaças.

Link

O estudo das cinco forças de Porter é indispensável para que uma organização consiga definir de que forma deve entrar em um mercado e como deve se posicionar diante da concorrência, dos fornecedores e dos consumidores. Independentemente do tamanho ou setor de operação da empresa, esta precisará de uma visão abrangente do cenário competitivo. No *link* abaixo ou código ao lado você pode conferir um artigo sobre as cinco forças de Porter e o seu papel no posicionamento estratégico das organizações.

https://goo.gl/Uq5kno

As cinco forças de Porter estão diretamente ligadas à **lucratividade da empresa** em um determinado setor. Portanto, torna-se imprescindível que todas elas sejam analisadas em um bom nível de detalhamento; assim, a organização vai conseguir estabelecer estratégias competitivas de acordo com a sua estrutura. Além disso, essa análise proporciona a compreensão sobre a complexidade e os fatores críticos das concorrências externa e interna que perturbam o desempenho da organização, sendo possível, assim, elaborar estratégias para enfrentá-los.

O **estudo das ameaças** relativas ao modelo de Porter proporciona a visualização dos elementos da estrutura de um determinado setor e define a relevância de cada um deles nesse meio. Esses elementos podem causar impacto na lucratividade do setor, indicando a atuação da força da concorrência nele. As forças mais enfáticas se tornam indispensáveis para o desenvolvimento de estratégias.

Ao considerar os seus pontos fortes e fracos, a organização conseguirá identificar onde as mudanças estratégicas poderão gerar elevado retorno, além de concentrar os seus esforços nas áreas em que as tendências da indústria estão em destaque, seja aproveitando oportunidade, seja transformando ameaças em oportunidades. O modelo de Porter parte do pressuposto de que as forças que agem no sentido de elevar a concorrência em um lado do setor influenciam o grau de retorno sobre o capital investido, afetando o retorno de livre mercado ou a taxa de competitiva básica, conforme leciona Porter (2005).

Exemplo

O modelo criado por Porter auxilia a organização a responder algumas perguntas essenciais, como:
- Quem são os meus concorrentes?
- Quais são os pontos positivos e negativos da minha organização em comparação com a concorrência?

A partir delas, a empresa pode delinear estratégias e desenvolver um plano estratégico, obtendo resultados melhores a partir da análise do ambiente externo (HOINASKI, 2017).

Exercícios

1. Como vimos neste capítulo, antes de posicionar-se estrategicamente, a organização deve considerar as tendências dos diferentes ambientes externos (variáveis). Quais são esses ambientes?
   a) Ambientes tecnológico, ambiental, político-legal, demográfico, estratégico e natural.
   b) Ambientes estratégico, econômico, natural, sociocultural e governamental.
   c) Ambientes econômico, demográfico, tecnológico, natural, sociocultural e político-legal.
   d) Ambientes estratégico, ambiental, governamental, natural, demográfico e político-legal.
   e) Ambientes demográfico, tecnológico, ambiental, natural, governamental e sociocultural.

2. Qual elemento presente no macroambiente organizacional tem como objetivo analisar o crescimento populacional mundial e os níveis de instrução da população a fim de elaborar estratégias condizentes com a atual realidade?
   a) Ambiente estratégico.
   b) Ambiente econômico.
   c) Ambiente tecnológico.
   d) Ambiente demográfico.
   e) Ambiente governamental.

3. A análise de oportunidades e ameaças do ambiente é uma das bases do planejamento estratégico. O estudo dos cenários poderá auxiliar a organização a partir de uma visão mais clara do cenário atual, permitindo uma tomada de decisão mais precisa e fundamentada. Afinal, qual é o principal objetivo da análise de cenários?

a) Vislumbrar fatores que podem se tornar reais no futuro, sendo possível à organização estar preparada caso venham a ocorrer.
b) Compreender antevisões do futuro por meio de estudos com base em suposições.
c) Auxiliar a organização a desenvolver estratégias para o futuro com base nos acontecimentos ocorridos no passado.
d) Elaborar estratégias para enfrentar a concorrência atual.
e) Estudar o contexto interno da empresa, estabelecendo propostas a serem realizadas no futuro.

4. Michael Porter elaborou um modelo de forças básicas que determinam a competitividade dentro de uma indústria. Quais são essas forças?
a) Ameaça de novos entrantes, poder de barganha dos consumidores, poder de negociação dos fornecedores, poder de negociação dos clientes, ameaça de novos produtos.
b) Poder de barganha dos consumidores, ameaça de novos produtos, ameaça de produtos substitutos, rivalidade entre a concorrência existente, poder de negociação da população.
c) Concorrência entre as empresas existentes, ameaça de produtos substitutos, poder de negociação dos fornecedores, poder de negociação dos clientes, rivalidade entre a concorrência existente.
d) Poder de barganha dos consumidores, ameaça de produtos substitutos, poder de negociação dos fornecedores, rivalidade entre a concorrência existente, concorrência entre as empresas existentes.
e) Ameaça de novos entrantes, poder de barganha dos consumidores, ameaça de produtos substitutos, poder de negociação dos fornecedores, rivalidade entre a concorrência existente.

5. Suponha que você é proprietário(a) de uma empresa de peças automotivas e pretende lançar um novo item no mercado, pois acredita que se trata de um produto inovador. Antes de realizar essa inserção, qual seria a força de Porter que auxiliaria a empresa a perceber se esse item renderia uma boa taxa de retorno?
a) Poder de barganha dos consumidores.
b) Ameaça de produtos substitutos.
c) Ameaça de novos produtos.
d) Poder de negociação da população.
e) Rivalidade entre a concorrência existente.

Referências

BETZ, F. *Strategic technology management*. New York: McGraw Hill, 1995.

CERTO, S. C. *Administração moderna*. 9. ed. São Paulo: Prentice Hall, 2005.

HOINASKI, F. 5 Forças de Porter: como fazer uma análise e aplicar na sua empresa. *Administradores*, 26 jan. 2017. Disponível em: <http://www.administradores.com.br/artigos/tecnologia/5-forcas-de-porter-como-fazer-uma-analise-e-aplicar-na-sua-empresa/100102/>. Acesso em: 15 out. 2018.

KOTLER, P. *Administração e marketing*: a bíblia do marketing. São Paulo: Pearson Printzed Hall, 2005.

KOTLER, P.; KELLER, D. *Administração de marketing*. São Paulo: Pearson, 2012.

MAXIMIANO, A. C. A. *Teoria geral da administração*. 6. ed. São Paulo: Atlas, 2006.

MORAES, B. A análise de cenários e o planejamento estratégico. *Portal da Estratégia*, 10 nov. 2016. Disponível em: <http://portaldaestrategia.transportes.gov.br/ultimas-noticias/373--a-analise-de-cenarios-e-o-planejamento-estrategico.html>. Acesso em: 15 out. 2018.

PORTER, M. E. *Estratégia competitiva*. Rio de Janeiro: Campus, 2005.

REIS, E. *Gestão de suprimentos e materiais na empresa Thor máquinas e montagens Ltda.* 2005. Relatório de Estágio (Curso de Administração de Empresas) — Faculdade de Administração, Universidade Federal de Santa Maria, Santa Maria, 2005.

RIBEIRO, M. P. M. Planejamento por cenários: uma ferramenta para a era do conhecimento. *Revista Intersaberes*, v. 1, n. 1, p. 186-202, jan./jul. 2006. Disponível em: <https://www.uninter.com/intersaberes/index.php/revista/article/download/93/67>. Acesso em: 15 out. 2018.

RINGLAND, G. *Scenario planning*: managing for the future. 2. ed. Hoboken: John Wiley & Sons, 2006.

SCHOEMAKER, P. J. H. Scenario planning: a tool for strategic thinking. *Sloan Management Review*, v. 36, n. 2, 1995.

Leituras recomendadas

BETHLEM, A. *Estratégia empresarial:* conceitos, processos e administração estratégica. 5. ed. São Paulo: Atlas, 2004.

ENDEAVOR. Fortaleça seu posicionamento e seus diferenciais com as 5 forças de Porter. *Endeavor Brasil*, [2018]. Disponível em: <https://endeavor.org.br/estrategia-e-gestao/5--forcas-de-porter/>. Acesso em: 15 out. 2018.

MINTZBERG, H. *O processo da estratégia*. Porto Alegre: Bookman, 2006.

MINTZBERG, H.; AHLSTRAND, B.; LAMPEL, J. *Safari da estratégia*. Porto Alegre: Bookman, 2010.

THOMPSON JUNIOR, A. A.; STRICKLAND, A. J. *Planejamento estratégico:* elaboração, implementação e execução. São Paulo: Pioneira, 2000.

WRIGHT, P.; KROLL, M. J.; PARNELL, J. *A administração estratégica:* conceitos. 4. ed. São Paulo: Atlas, 2000.

Análise do ambiente interno

Objetivos de aprendizagem

Ao final deste texto, você deve apresentar os seguintes aprendizados:

- Explicar no que consiste a análise do ambiente interno, incluindo recursos, capacidades e competências essenciais.
- Definir como podem ser identificadas as forças e as fraquezas da organização.
- Descrever o que são fatores críticos de sucesso e por que são vitais a qualquer corporação.

Introdução

As organizações atuais estão utilizando a análise do ambiente interno como base para a elaboração do seu planejamento estratégico. Essa análise possui como finalidade evidenciar as forças e fraquezas da organização diante do mercado. Existem diferentes modos disponíveis para auxiliar a empresa a desenvolver um estudo efetivo e eficiente do ambiente. As análises financeira, de recursos humanos, de produção e de *marketing*, por exemplo, poderão ser de grande auxílio. Nesse sentido, as empresas precisam identificar os seus fatores críticos de sucesso, a fim de entenderem as características, as condições e as variáveis que devem ser monitoradas para que estejam bem posicionadas em um mercado extremamente competitivo.

Neste capítulo, você vai estudar sobre o ambiente interno das organizações, incluindo os seus recursos, capacidades e competências essenciais, além de entender como são identificadas as forças e as fraquezas das empresas e a relevância dos fatores críticos de sucesso para a sua sobrevivência no mercado.

Recursos, capacidades e competências essenciais

Segundo Cobra (2015), o microambiente empresarial é constituído por **variáveis internas**, as quais a organização consegue controlar, como a produção, o comercial, o financeiro, os recursos humanos e as estratégias de *marketing*. Além disso, apresenta também **variáveis externas**, aquelas que são incontroláveis, como a concorrência, os potenciais clientes, a política interna do negócio, os fornecedores e os prestadores de serviços.

As variáveis internas e externas vão influenciar a maneira como a organização funciona diante do mercado. O êxito das práticas de *marketing* de uma instituição vai depender diretamente de outros agentes do microambiente da empresa, como os consumidores, os indivíduos em geral, os fornecedores e os intermediários, além dos elementos internos.

Os **fornecedores** são de grande relevância no que diz respeito à entrega de valor para os consumidores de uma instituição — afinal, são eles que viabilizam os recursos necessários para que as empresas possam disponibilizar produtos ou serviços aos seus consumidores. Por sua vez, os **intermediários** são responsáveis por realizar as intermediações essenciais para que os bens e serviços da organização cheguem até seus potenciais consumidores.

Já os **concorrentes** são relevantes para que os profissionais de *marketing* da organização entendam como elaborar estratégias ou campanhas que sejam superiores às da concorrência; para tanto, os **consumidores** também devem ser estudados pela organização, para que se verifiquem os seus hábitos de consumo e as melhores formas de conquistá-los e, futuramente, fidelizá-los. Os **indivíduos em geral**, ou seja, toda a sociedade, correspondem a quaisquer grupos com interesse real na capacidade da organização de atingir as suas principais metas.

Para que uma instituição tenha eficiência em todo seu processo de vendas, é fundamental que ela tenha conhecimentos sobre a complexidade do seu microambiente. Assim, qualquer modificação nesse ambiente deverá ser assimilada, para que os profissionais de *marketing* compreendam de que forma a organização deverá inovar nas suas ações, buscando-se, assim, as melhores soluções.

Segundo Urdan (2010), existe uma visão do ambiente da empresa baseada em recursos, pela qual as organizações são consideradas **coleções de recursos**. Assim, a competitividade da instituição dependerá dos seus recursos, que compreendem ativos, capacidades e competências essenciais. Na Figura 1, você observa que as posições de vantagem indicam o **desempenho da organização**, que envolve medidas mercadológicas, como a lealdade dos consumidores, e medidas financeiras, como a rentabilidade.

Figura 1. Componentes da competitividade da organização na visão baseada em recursos.
Fonte: Adaptada de Urdan (2010).

Devido a tais fatores, nunca existirá duas organizações exatamente iguais, pois cada uma vai orientar-se pela sua **cultura organizacional**, possuindo um conjunto particular de experiências e apresentando ativos e capacidades específicas. O potencial da instituição para servir os consumidores e enfrentar a concorrência, alcançando resultados superiores aos dos seus adversários, será construído em função da quantidade e da qualidade dos ativos, das capacidades e das competências essenciais. Assim, torna-se imprescindível a adequação externa e a compatibilidade entre eles, conforme leciona Urdan (2010).

Ativos

Os ativos são os meios que a instituição possui e necessita para a prática dos seus vários processos, como uma rede de lojas ou o patrimônio da marca, que possibilitam ações como o suprimento de itens e o relacionamento com os consumidores. Os ativos de *marketing* são essenciais para as instituições, mas, além deles, são necessários os de outras áreas, como os ativos de capacidade instalada (de produção) e de capital de baixo custo (de finanças). Todo ativo necessita contribuir, direta ou indiretamente, para a conquista dos mercados nos quais a instituição desejar ingressar.

Existem dois tipos de ativos: tangíveis e intangíveis. Os **ativos tangíveis** apresentam uma capacidade de longo prazo determinada. Assim, as empresas conseguirão enxergá-los e quantificá-los. Geralmente são relacionados no balanço patrimonial da organização, pois são mais fáceis de avaliar. Como exemplo de ativos tangíveis, temos os estoques de mercadorias para venda e o dinheiro presente em caixa.

Já os **ativos intangíveis** compreendem as propriedades intelectuais, como marcas e patentes registradas, bem como as reputações da marca e da instituição, além de redes que tenham sido envolvidas, dados e conhecimentos acumulados. Esses ativos apresentam capacidade ilimitada. São mais seguros em relação à imitação por parte dos concorrentes, devido à complexidade e à especificidade para adquiri-los — por exemplo, o relacionamento com os consumidores ou mesmo a proteção legal, como no caso das patentes, conforme aponta Urdan (2010).

Capacidades

Segundo Urdan (2010), as capacidades possuem uma natureza intangível, constituindo-se de conhecimentos e habilidades individuais e coletivas disponíveis na instituição. Quando utilizadas, colocam em movimento as ações que levam ao atendimento do mercado. As capacidades possibilitam a coordenação dos variados ativos da organização, trabalhando como um agente integrador. Elas influenciam a maneira como a instituição trabalha certos recursos. Por esses motivos, as capacidades são indispensáveis para o sucesso empresarial.

Porém, as capacidades não dispõem de direitos de propriedade claramente definidos; assim, normalmente não são utilizadas como objeto de transação, o que dificulta sugerir um valor monetário para elas. As capacidades possuem um potencial ilimitado de uso no longo prazo. Entretanto, adquirir capacidades poderá ser um processo demorado, que consome muita energia e altos valores.

Competências essenciais

As competências essenciais expõem aquilo que a empresa executa melhor do que qualquer outro concorrente, transformando recursos inertes em ferramentas para competir. Elas poderão configurar-se a partir do **aprendizado coletivo**, em especial quando coordenam várias capacidades e ativos, integrando vários fluxos de tecnologia, organizando o trabalho e entregando valor ao mercado. As competências essenciais se desenvolvem quando são aplicadas e compartilhadas, em vez de se deteriorarem, como ocorre com ativos tangíveis. Entretanto, são poucas as organizações que conseguem estabelecer liderança mundial em mais de cinco ou seis competências essenciais.

Uma competência essencial é reconhecida por meio de três critérios (URDAN, 2010):

1. deve desempenhar impacto significativo no valor percebido pelo consumidor, elevando as vantagens ou diminuindo os custos para o consumidor;
2. deve reduzir os custos da instituição para entregar valor;
3. não deve ser facilmente obtida ou reproduzida pela concorrência.

Enfim, ativos, capacidades e competências essenciais elevadas fundamentam os resultados da organização no mercado perante seus concorrentes. Por meio deles, é possível à instituição alcançar rentabilidade com preços mais elevados e diferenciação, ou valores inferiores somados à liderança em custos.

Fique atento

O caminho que a empresa vai percorrer no mercado depende também de elementos presentes no seu interior, abordados na análise interna. Não é apenas o ambiente que vai determinar o que a organização pode e deve fazer. Usufruir de oportunidades e enfrentar ameaças exige recursos apropriados, além de uma adequada combinação de pontos fracos e fortes. Todos esses pontos constituem a análise interna.

Forças e fraquezas da organização

Segundo Urdan (2010), é adequado interpretar a organização como possuidora de forças e fraquezas, em uma configuração que lhe é específica. Caracteriza-se como **ponto fraco** qualquer particularidade da instituição que diminua a sua capacidade competitiva. Já os **pontos fortes** são as características que elevam a capacidade competitiva da organização. A análise interna normalmente se esquematiza por meio de um **diagnóstico de forças e fraquezas**. Em virtude disso, os processos e as áreas da organização são pesquisados, a fim de se definir a essência do trabalho, e são realizadas análises financeiras, de recursos humanos, de produção e de *marketing*.

Análise financeira

Na análise financeira é realizada a avaliação dos investimentos, da estrutura de capital para financiar as ações, da política de remuneração dos proprietários e dos fluxos financeiros de curto prazo. Além disso, para objetivos gerenciais, a contabilidade coleta, interpreta e apresenta conhecimentos financeiros, que representam a situação e o desempenho da instituição. A investigação de finanças, distinguindo forças e fraquezas, envolve fatores como estrutura e custo do capital, capacidade de investimento, endividamento e liquidez, contas a pagar e receber, capital de giro, relacionamento com instituições bancárias, procedimentos de controladoria, políticas de crédito, custos de produção e comercialização e planejamento tributário, conforme aponta Urdan (2010).

Análise de recursos humanos

A administração de recursos humanos opera para aprimorar a qualidade e o desempenho da força de trabalho. Investiga o ajustamento entre os indivíduos e as práticas que eles executam. Quando esse propósito é atingido, as habilidades, os conhecimentos, os interesses e as personalidades dos colaboradores condizem com os requisitos do trabalho e, assim, convertem-se em satisfação dos funcionários e em desempenho empresarial.

O diagnóstico de recursos humanos envolve elementos como clima organizacional, remuneração e benefícios, treinamentos e qualificação dos funcionários, estrutura de carreira, capacidade de recrutar, rotatividade, desenvolvimento e retenção de indivíduos com o perfil desejado, relações com sindicatos, custos de recursos humanos, absenteísmo e acidentes no trabalho, qualidade e produtividade dos recursos humanos, conforme leciona Urdan (2010).

Análise da produção

A produção cuida da fabricação dos produtos e da prestação de serviços. São três os **estágios principais de produção**:

- entrada de insumos;
- transformação dos insumos em produtos;
- saída do que se fabricou.

A análise da produção envolve particularidades como disponibilidade e utilização da capacidade instalada, atualização de tecnologias e equipamentos produtivos, localização das unidades produtivas, custos de produção, velocidade e flexibilidade da linha de produção, logística de entrada, relacionamento e qualidade das fontes de insumos, certificações do sistema produtivo e qualidade e produtividade da produção, de acordo com Urdan (2010).

Análise de *marketing*

No diagnóstico de *marketing*, são investigados os diversos aspectos da **gestão de *marketing***: pilares estratégicos — como segmentação, seleção do mercado-alvo e posicionamento — e elementos táticos — como o composto de *marketing*, ou seja, produto, praça, preço e promoção. A organização que possui posicionamento, mercado-alvo, produto, preço, promoção e praça adequados e articulados possui elevada vantagem frente à concorrência. Entretanto, para harmonizar todos esses elementos, são necessários recursos preciosos, que muitas vezes poderão demorar para serem alcançados, já que dependem de competências, e seus custos são elevados para serem construídos.

A análise de forças e fraquezas de *marketing* engloba fatores como participação de mercado, relacionamento com distribuidores, sucesso de novos produtos, custos de *marketing*, rentabilidade dos produtos e mercados, eficácia da promoção, patrimônio da marca, satisfação e lealdade dos consumidores e adequação dos preços, conforme leciona Urdan (2010).

Fique atento

Toda organização necessita ter uma definição clara dos seus objetivos, para que possa desenvolver um planejamento buscando atingi-los. Quando essa prática não ocorre, a organização corre o risco de percorrer um caminho indefinido, muitas vezes não conquistando as metas estabelecidas. Por isso, torna-se fundamental o engajamento de todos os setores, a fim de se desenvolver resultados em conjunto, evitando que seja desenvolvida uma fraqueza para a organização pela simples falta de orientação.

Fatores críticos de sucesso

Moresi (2001) afirma que as transformações, oportunidades, casualidades e ameaças presentes no ambiente geralmente desenvolvem mensagens. As empresas descobrem essas mensagens, realizam algum tipo de processamento para convertê-las em informação e as aproveitam, para se adaptarem às novas circunstâncias. Quando as decisões se fundamentam nessas mensagens, mais informações são criadas e transmitidas, ocasionando novos fenômenos e decisões.

Muitas vezes, os fatos pertinentes para o sucesso de uma empresa não estão à mostra, mas escondidos; por isso, acabam não sendo percebidos sem uma grande análise, que consiste em descobrir os fatores críticos de sucesso do negócio.

Conforme Porter (1996), os fatores críticos de sucesso consistem em um número limitado de áreas de determinada empresa ou processo, nas quais os resultados, se positivos, possibilitam **desempenho superior**. Em relação ao planejamento estratégico, Costa (2002) afirma que algumas questões podem auxiliar na avaliação da competitividade e chama a atenção para a velocidade de mudança dos fatores críticos de sucesso do negócio. Assim, o autor traz o conceito de fatores críticos de escolha e salienta o reconhecimento destes para uma determinada área estratégica, que não está ligada diretamente com pontos fortes ou fracos da empresa. Além disso, menciona que um fator-chave pode ser, na realidade, um ponto fraco da empresa, ou talvez um ponto que não seja visto externamente como um fator significativo no mercado.

Link

Fatores críticos de sucesso são pontos-chave que, quando bem executados, definem e garantem o desenvolvimento e o crescimento de uma empresa. Em contrapartida, quando esses mesmos fatores são negligenciados ou ignorados, contribuem, e muito, para o fracasso da organização. No artigo disponível no *link* abaixo, você pode conferir os principais exemplos de fatores críticos de sucesso nas empresas.

https://goo.gl/JPfdbA

Os fatores críticos de sucesso podem ser compreendidos como elementos essenciais para o melhor desempenho; assim, se a empresa os reconhecer e conseguir integrá-los ao planejamento estratégico e aos sistemas de informação, eles passam a complementar as ações de análise competitiva. Uma das contribuições dos fatores críticos de sucesso é subsidiar informações de natureza estratégica, fazendo com que essas informações obtenham relevância quando alinhadas aos objetivos organizacionais, conforme leciona Costa (2002).

Os fatores críticos de sucesso podem ser retirados do planejamento estratégico e empregados para direcionar a busca e a análise de dados. Assim, Santos (2003) os divide e caracteriza nos seguintes tipos.

- Ambientais — aqueles que influenciam de alguma maneira todas as empresas. Por exemplo: fatores políticos, econômicos e reguladores que impactam o mercado. Apesar de a empresa não conseguir controlar esses fatores, ela deve estar atenta às suas possíveis mudanças, já que muitas vezes seu impacto pode ser grande.
- Empresariais — são fatores comuns a todas as empresas. Por exemplo: processo de contratação, recrutamento, capacitação, treinamentos, controle de custos, etc. Assim, para fins de inteligência, esses elementos geralmente não são considerados críticos, o que impede assegurar algum diferencial estratégico competitivo unilateral.
- Organizacionais — são fatores que estabelecem uma identidade relacionada a um negócio em particular, isto é, empregam-se a um determinado setor. Por exemplo: um projeto de arquitetura para uma determinada empresa.
- Setoriais — trata-se daqueles fatores referentes às empresas nos mercados ou aos mercados que estão sendo servidos. Por exemplo: competição por qualidade, tempo de reação, custos, flexibilidade, etc.

O estudo desses fatores proporciona uma quantidade satisfatória de informações e dados que podem auxiliar no acompanhamento de questões estratégicas em cada âmbito de negócio. Com esse objetivo, o desdobramento dos fatores críticos de sucesso possibilita analisar o impacto do ambiente e avaliar comparativamente uma empresa em relação a seus sistemas de operações internas, ao setor e a outras organizações, para reconhecer forças e fraquezas, perfis de recursos e competências essenciais.

Exemplo

De vez em quando, vemos negócios dando muito certo, evoluindo e obtendo lucro. Em seguida, aparecem mais alguns modelos de negócios iguais ou similares tentando "copiar" o que deu certo; porém, nem sempre o sucesso de um é alcançado por todos. O sucesso de qualquer negócio diz respeito aos fatores críticos de sucesso daquele negócio — trata-se do talento do empreendedor posto em prova. Entenda melhor sobre o tema no artigo disponível no *link* abaixo.

https://goo.gl/3sQG7b

Exercícios

1. Segundo Urdan (2010), a empresa é constituída por recursos e interpretada por meio de uma coleção destes que estão presentes no seu interior. Quais são os elementos presentes nessa concepção?
   a) Ativos, capacidades e competências essenciais.
   b) Capacidades, habilidades e conhecimentos.
   c) Competências essenciais, ativos e habilidades.
   d) Ativos, marca e estoques de mercadorias.
   e) Capacidades, conhecimentos e ativos.

2. Afinal, como é possível uma empresa reconhecer uma competência essencial?
   a) Por meio do valor percebido pelo consumidor.
   b) Por meio de produtos ou serviços diferenciados que são difíceis de serem reproduzidos pelos clientes.
   c) Por meio da diminuição de custos para os clientes.
   d) Por meio do impacto positivo percebido pelos clientes, reduzindo-se os custos para entregar valor e disponibilizando itens que não são facilmente obtidos ou reproduzidos pela concorrência.
   e) Por meio da elevação das vantagens dos produtos e serviços para os consumidores.

3. A análise normalmente se esquematiza por meio de um diagnóstico de forças e fraquezas. Afinal, o que é considerado um ponto fraco?
   a) Características que elevam a capacidade competitiva.
   b) Elementos que proporcionam uma maior eficácia das práticas em relação à concorrência.
   c) Qualquer particularidade da organização que eleve sua capacidade competitiva.
   d) Agentes da instituição que aumentam a efetivação de vendas em relação à concorrência.
   e) Qualquer particularidade da organização que diminua a sua capacidade competitiva.

4. Os processos e as áreas da instituição são pesquisados, buscando-se definir a essência do trabalho e identificar as forças e fraquezas da empresa. Qual é a análise que a organização realiza que preza por aprimorar a qualidade e o desempenho da força de trabalho?
   a) Análise de *marketing*.
   b) Análise financeira.
   c) Análise da qualidade.
   d) Análise de produção.
   e) Análise de recursos humanos.

5. Como vimos, os fatores críticos de sucesso podem ser retirados do planejamento estratégico e empregados para direcionar a busca e a análise de dados. Afinal, como se segmentam os fatores críticos de sucesso?
   a) Ambientais, empresariais, organizacionais e setoriais.
   b) Empresariais, sociais, culturais e setoriais.
   c) Organizacionais, ambientais, setoriais e culturais.
   d) Empresariais, políticos, ambientais e sociais.
   e) Culturais, ambientais, empresariais e políticos.

Referências

COBRA, M. *Administração de marketing no Brasil*. 4. ed. Rio de Janeiro: Elsevier, 2015.

COSTA, E. A. *Gestão estratégica*. São Paulo: Saraiva, 2002.

MORESI, E. A. D. Gestão da informação e do conhecimento. In: TARAPANOFF, K. (Org.). *Inteligência organizacional e competitiva*. Brasília: Editora UNB, 2001.

PORTER, M. *Vantagem competitiva:* criando e sustentando um desempenho superior. Rio de Janeiro: Campus, 1996.

SANTOS, N. *Inteligência competitiva*. Apostila do curso de Pós-Graduação em Engenharia de Produção. Florianópolis: Universidade Federal de Santa Catarina, 2003.

URDAN, A. T.; URDAN, F. T. *Marketing estratégico no Brasil:* teoria e aplicações. São Paulo: Atlas, 2010.

Leituras recomendadas

GOMES, R. Como encontrar os fatores críticos de sucesso do seu negócio. *Administradores*, 8 ago. 2017. Disponível em: <http://www.administradores.com.br/artigos/empreendedorismo/como-encontrar-os-fatores-criticos-de-sucesso-do-seu-negocio/106239/>. Acesso em: 22 out. 2018.

MINTZBERG, H. *O processo da estratégia*. Porto Alegre: Bookman, 2006.

MINTZBERG, H; AHLSTRAND, B.; LAMPEL, J. *Safari da estratégia*. Porto Alegre: Bookman, 2010.

ROCKART, J. F. Chief executives define their own data needs. *Harvard Business Review*, v. 57, n. 2, p. 81-93, mar./abr. 1979.

THOMPSON JUNIOR, A. A.; STRICKLAND, A. J. *Planejamento estratégico:* elaboração, implementação e execução. São Paulo: Pioneira, 2000.

VEYRAT, P. Conheça os principais exemplos de fatores críticos de sucesso nas empresas. *Venki*, São Paulo, SP, 5 fev. 2015. Disponível em: <http://www.venki.com.br/blog/exemplos-fatores-criticos-de-sucesso/>. Acesso em: 22 out. 2018.

WRIGHT, P.; KROLL, M. J.; PARNELL, J. *A administração estratégica:* conceitos. 4. ed. São Paulo: Atlas, 2000.

Análise SWOT

Objetivos de aprendizagem

Ao final deste texto, você deve apresentar os seguintes aprendizados:

- Descrever a matriz SWOT e qual é a sua importância para o planejamento estratégico.
- Identificar em que momento realizar a análise do ambiente interno (forças e fraquezas) e como utilizar essa análise a favor da estratégia da organização.
- Identificar em que momento realizar a análise do ambiente externo (oportunidades e ameaças) e como utilizar essa análise a favor da estratégia da organização.

Introdução

A análise SWOT (do inglês *strengths, weaknesses, opportunities and threats*) consiste em um elemento clássico utilizado para o desenvolvimento do planejamento estratégico das empresas. Estabelecida como um conceito simples e intuitivo, a matriz SWOT possibilita colocar de maneira esquemática, em uma tabela de quatro quadrantes, as forças, fraquezas, ameaças e oportunidades enumeradas pela organização. Dessa forma, os líderes podem definir como cada uma das forças podem impulsionar oportunidades e como defender-se de ameaças, bem como verificar quais fraquezas precisam de atenção, para que as oportunidades não sejam perdidas e as ameaças não influenciem de modo negativo os lucros da organização.

Neste capítulo, você vai estudar sobre a análise SWOT, verificando a importância de sua matriz para o planejamento estratégico. Você também vai identificar como e em que momento realizar o estudo do ambiente interno — forças e fraquezas — e do ambiente externo — oportunidades e ameaças — da organização.

Matriz SWOT

No planejamento estratégico, o estudo de cenários é de extrema relevância para a sobrevivência de uma empresa — daí a importância da **análise SWOT** para amparar as organizações por meio do estudo das forças, fraquezas, oportunidades e ameaças. Conhecida no Brasil também como análise FOFA, a análise SWOT, se trata de um método utilizado para o planejamento e a gestão das organizações, independentemente do seu tamanho ou porte.

A matriz SWOT surgiu na década de 1960, a partir de debates na escola de administração, onde começou-se a realizar a compatibilização entre as forças e fraquezas de uma empresa, a sua competência distintiva e as oportunidades e ameaças presentes no mercado. Em pouco tempo, a análise SWOT se tornou um dos métodos mais utilizados em investigação social, seja no desenvolvimento de diagnósticos, no estudo organizacional ou na elaboração de planos, conforme leciona Ulrich (2002).

Na prática

A Análise SWOT é uma ferramenta de apoio à organização no momento de desenvolver o planejamento estratégico.

Veja em Realidade Aumentada como a matriz SWOT pode ser utilizada para analisar as atividades de uma floricultura.

1. Acesse a página **https://bit.ly/2JvAj7g** e baixe o aplicativo Sagah Planejamento estratégico. Se preferir, use o QR code ao lado para baixar o aplicativo.
2. Abra o aplicativo e aponte a câmera para a imagem a seguir:

Fique atento

Atualmente, é de extrema importância a realização da avaliação do comportamento das organizações perante o mercado competitivo; para tanto, algumas ferramentas poderão auxiliar nesse processo, garantindo a elaboração de diretrizes que visem ao alcance do sucesso organizacional. Identificar as particularidades internas e externas do sistema em que uma organização se encontra se torna essencial para a tomada de decisões dos líderes, sejam eles de pequenas ou grandes organizações. A análise SWOT é uma ferramenta que propicia ao líder ou, até mesmo, ao pequeno empreendedor entender como está sua organização frente à concorrência, sendo possível, assim, conhecer e analisar o seu comportamento.

Conforme Oliveira (2007), a análise SWOT é composta pelos seguintes elementos:

- Ponto forte — trata-se da diferenciação alcançada pela organização, sendo uma variável controlável, que oportuniza uma vantagem operacional no ambiente empresarial.
- Ponto fraco — compreende as circunstâncias inadequadas da organização, sendo uma variável controlável, que propicia uma desvantagem operacional no ambiente empresarial.
- Oportunidade — abrange a força ambiental incontrolável pela organização, que pode beneficiar sua atividade estratégica, desde que conhecida e usufruída corretamente enquanto existente.
- Ameaça — trata-se da força ambiental incontrolável pela organização, que concebe obstáculos à sua atividade estratégica, podendo ou não ser evitada, caso seja identificada rapidamente.

Conhecer e levar em consideração os fatores internos e externos é indispensável para que a organização possa visualizar a realidade em que opera, possibilitando planejar melhor o futuro almejado, conforme aponta Luecke (2009). Isso não quer dizer que tais constatações contribuam para processos efetivos — trata-se de um ritual que auxilia a organização a ser mais técnica e científica no desenvolvimento de seu planejamento ou avaliação. Atualmente, a análise dos ambientes interno e externo é um dos rituais mais utilizados pelos líderes, aparentemente por sua simplicidade de produção.

Por meio da análise SWOT, as organizações têm a possibilidade de controlar o seu ambiente interno. Ao constatar um ponto forte, poderá incentivá-lo para que se intensifique ainda mais; já ao verificar um ponto fraco, a empresa poderá realizar atividades para minimizá-lo. Em relação ao ambiente externo, a empresa não dispõe de controle sobre ele. Assim, deverá estar sempre alerta, monitorando-o com uma frequência alta, para que seja possível aproveitar-se das oportunidades disponíveis e esquivar-se das possíveis ameaças.

Fique atento

Evitar as ameaças do ambiente externo nem sempre é possível, mas a empresa pode realizar um planejamento de contingência para encará-las, abafando os seus efeitos. Os líderes deverão sempre considerar as ameaças externas, já que elas sempre estarão presentes e poderão ocasionar problemas para a organização caso não sejam consideradas. Por isso, a análise SWOT da empresa deve estar sempre atualizada, possibilitando à organização antecipar-se aos problemas que poderão vir a acontecer, conforme leciona Manager (2009).

Kotler (2005) afirma que a análise SWOT é um estudo que procura relacionar as forças e fraquezas internas da organização com as oportunidades e ameaças externas à empresa, de tal maneira que as suas forças sejam exaltadas e fortalecidas, suas fraquezas suavizadas, as oportunidades asseguradas e as ameaças protegidas. Trata-se, portanto, de um método que procura amparar o planejamento estratégico da organização, de maneira a possibilitar à empresa buscar oportunidades e fugir de ameaças, por meio do suporte de suas forças e fraquezas conhecidas. A Figura 1 resume e esquematiza os elementos da análise SWOT.

Figura 1. A análise SWOT consiste em uma matriz de mesmo nome que exibe um quadro contendo quatro espaços; cada espaço possui um fator importante para o planejamento estratégico da organização. A sua composição deve ser realizada com base no estudo de dois ambientes: o ambiente interno da organização, que abrange as forças e fraquezas da organização, e o ambiente externo à empresa, que indica as oportunidades e ameaças.
Fonte: Adaptada de Silva (2014).

A matriz SWOT auxilia a organização a perceber os **fatores críticos de sucesso**, auxiliando no reconhecimento dos pontos fracos e fortes nos seus bens e/ou serviços, sendo capaz de originar inovações, modificações em produtos e/ou serviços, além do reconhecimento da marca, conforme apontam Feil e Heinrichs (2012).

Link

A análise SWOT é um método relativamente simples de detalhamento que busca posicionar ou verificar a posição estratégica de uma certa organização no seu ramo de atuação. Devido à sua simplicidade e abrangência metodológica, essa análise pode ser utilizada para realizar qualquer tipo de estudo de cenário ou ambiente, desde a criação de uma pequena organização à administração de uma multinacional. No *link* abaixo, você pode conferir exemplos de análises SWOT.

https://goo.gl/myDEpE

O funcionamento da matriz SWOT é simples e possibilita a integração entre os líderes de vários setores distintos da empresa, sendo eles induzidos a reconhecer e solucionar questões que podem dificultar o desenvolvimento e o crescimento da organização, conforme lecionam Valim, Guidinelli e Gonçalves (2009). Segundo Santos (2006), a matriz SWOT proporciona aos líderes a identificação das fraquezas e oportunidades da organização em que trabalham; por meio desse estudo, é possível fazer com que a organização continue no mercado com um diferencial em relação à concorrência.

O planejamento estratégico de uma organização necessita sempre levar em consideração a análise SWOT, inclusive como uma forma de direcionar o seu comportamento interno e externo. A matriz SWOT proporciona os seguintes benefícios à organização:

- auxilia na identificação de possíveis circunstâncias negativas e faz com que a empresa consiga resolvê-las antes de aumentarem ainda mais;
- ajuda na visualização de oportunidades que poderiam passar despercebidas caso o líder não estivesse alerta;
- auxilia os líderes a realizarem uma reflexão sobre os pontos da organização que muitas vezes não possuem tempo de realizar;
- prevê possíveis ameaças;
- auxilia a elaborar planos de contingência.

Enfim, a utilização correta desse instrumento colabora para a evolução e o desenvolvimento da organização.

Fique atento

A análise SWOT é um estudo bastante subjetivo, pois parte da proposta de reconhecer os aspectos negativos da empresa e transformá-los em positivos. Assim, deve-se considerar que um dos critérios para um estudo eficiente e eficaz é que ele seja específico, isto é, tenha uma orientação clara e objetiva, seja para a área financeira, de recursos humanos, de *marketing*, etc.

Ambiente interno: forças e fraquezas

O ambiente interno consiste no cenário em que os líderes conseguem entender, controlar e administrar as forças e fraquezas. Nesse ambiente estão presentes elementos que pertencem à organização, sendo, assim, de fácil intervenção, caso seja necessário; ele abrange vendas, tecnologias, filiais, investimentos, máquinas, cultura organizacional, etc. Essas forças e fraquezas deverão ser analisadas constantemente, já que as circunstâncias se alteram rapidamente.

A análise interna pode ser realizada a qualquer momento, seja na abertura de uma nova empresa ou filial, no desenvolvimento de um novo projeto ou, simplesmente, para conhecer e elaborar estratégias para vencer as adversidades atuais. Esse estudo auxilia potencialmente o planejamento estratégico, oportunizando à organização desenvolver estratégias de acordo com sua realidade, conforme descrito no blog Egestor (ANÁLISE..., 2018). Veja, no Quadro 1, no que consistem as forças e fraquezas do ambiente interno que impactam o dia a dia das organizações.

Quadro 1. Análise do ambiente interno

Forças	São elementos que concebem à organização destaque diante das demais. Trazem benefícios para a empresa e estão sob controle dos empreendedores e líderes. Exemplos de forças: marca consolidada no mercado, instituição de ensino com professores altamente qualificados, clínica médica com os equipamentos mais modernos do mercado, empresa de tecnologia com uma equipe muito unida, escola de inglês com uma boa quantidade de ativos, supermercado com um modelo de cobrança eficaz, agropecuária com um bom relacionamento estratégico.
Fraquezas	Trata-se dos pontos fracos de uma empresa, ou seja, tudo o que atrapalha seu crescimento, necessitando ser amenizado. Apesar de a empresa conseguir controlar tais aspectos, as fraquezas dificultam a realização da missão da organização. Exemplos de fraquezas: falta de insumos, itens perecíveis, dificuldade no processo de entrega, equipe pouco qualificada, tecnologia ultrapassada. Uma empresa que realiza a venda de produtos perecíveis e está longe dos indivíduos que compram esse item possui uma fraqueza, assim como as organizações que trabalham com construção civil e têm máquinas desgastadas. Existem soluções para essas questões, mas muitas vezes estas são adiadas, seja por falta de dinheiro ou planejamento.

Fonte: Adaptado de Análise... (2018).

Lopes ([2016]) comenta que o local onde se encontram as fraquezas na matriz SWOT é o quadrante superior direito. Nele, devem ser incluídos os pontos fracos da organização, ou seja, os elementos em que ela deveria melhorar. É de extrema relevância que os líderes percebam as limitações da organização e busquem maneiras de solucionar esses problemas.

Já o espaço destinado à força é o quadrante superior esquerdo da matriz. Esse quadrante deve apresentar as potencialidades da organização, ou seja, os pontos em que ela mais se destaca. Essa identificação é relevante para que sejam desenvolvidas formas de se explorar ao máximo o potencial que a empresa possui. Por exemplo, no caso de uma organização que realiza a venda de vários itens, e um deles destaca-se em vendas, esse produto pode ser considerado como uma força e ser explorado mais, no intuito de mantê-lo sempre em alta.

Chiavenato e Sapiro (2003) apontam que os elementos a serem averiguados no ambiente interno são: condicionamento competitivo que gera barreiras à entrada de novos competidores, recursos financeiros, liderança e imagem de mercado, competência, entre outros. Marques (2012) afirma que os pontos fortes e fracos de uma empresa são o seu perfil de ativos e as qualificações em relação à concorrência, incluindo recursos financeiros, identificação de marca, postura tecnológica, etc. Em resumo, as habilidades e os recursos que a organização possui para explorar as oportunidades e minimizar as ameaças são chamados de forças; já as deficiências que dificultam a capacidade de desempenho da empresa e precisam ser superadas para evitar problemas no mercado são conhecidas como fraquezas, conforme lecionam Matos, matos e Almeida (2007).

Ferrel e Hartline (2009) afirmam que a existência de forças e fraquezas se deve aos recursos que a organização possui ou não e à natureza de seus relacionamentos com clientes, colaboradores ou organizações exteriores.

Fique atento

Os pontos fortes e fracos da organização são elementos que a posicionam em vantagem ou desvantagem em relação aos seus concorrentes. Devido a isso, embora a análise interna estude o interior da empresa, é indispensável que os líderes estejam atentos às atividades desempenhadas pelos concorrentes. Não esqueça que sobre esses elementos a empresa possui controle, diferentemente da análise externa. Para suprimir um ponto fraco ou aprimorar um ponto forte, a própria empresa pode agir. Pode ser uma tarefa difícil, mas a empresa consegue controlar esses aspectos.

Ambiente externo: oportunidades e ameaças

O ambiente externo compreende fatores que a empresa não consegue controlar, diferentemente do ambiente interno. Nesse ambiente estão presentes elementos como juros, legislação, crises econômicas, câmbio, desastres naturais, clima, etc.

Barney e Hesterly (2009) afirmam que o ambiente externo é constituído por elementos que existem fora dos limites da empresa, mas que, de alguma maneira, influenciam sobre ela. Esse ambiente é incontrolável; entretanto, deve ser monitorado continuamente, pois constitui um pilar indispensável para a elaboração do planejamento estratégico.

Veja, no Quadro 2, no que consistem as oportunidades e ameaças do ambiente externo que impactam o dia a dia das organizações.

Quadro 2. Análise do ambiente externo

Oportunidades	Referem-se a um cenário positivo para a organização. Por exemplo, uma rede de hotéis é beneficiada com um grande evento (olimpíadas, copa do mundo, convenções, etc.) no país, estado ou cidade em que desempenha as suas atividades. Outro exemplo é uma organização que presta serviços de exportação ser é favorecida pelas taxas de câmbio elevadas. As leis que favorecem a organização, o lançamento de bens e/ou serviços complementares e, o acesso a novas tecnologias também poderão gerar vantagens para a empresa. Apesar de não ser possível controlar esses elementos, a organização poderá planejar-se e preparar-se para usufruir das oportunidades.
Ameaças	Trata-se dos pontos fracos de uma empresa, ou seja, de tudo o que atrapalha o seu crescimento, necessitando ser amenizado. Apesar de a empresa conseguir controlar tais aspectos, as fraquezas dificultam a realização da missão da organização. Exemplos de fraquezas: falta de insumos, itens perecíveis, dificuldade no processo de entrega, equipe pouco qualificada e tecnologia ultrapassada. Uma empresa que realiza a venda de produtos perecíveis e está longe dos indivíduos que compram esse item possui uma fraqueza, assim como as organizações que trabalham com construção civil e têm máquinas desgastadas. Existem soluções para essas questões, mas muitas vezes estas são adiadas, seja por falta de dinheiro ou planejamento.

Fonte: Adaptado de Análise... (2018).

O ambiente externo abrange o estudo das forças macroambientais (políticas, legais, demográficas, econômicas, sociais e culturais) e dos aspectos microambientais (canais de distribuição, fornecedores, consumidores, concorrentes). Por meio desses estudos, as oportunidades e ameaças poderão ser identificadas. As oportunidades e ameaças estão no ambiente externo da organização, diferentemente das forças e fraquezas, que estão presentes nos ambientes econômico, competitivo, político, etc., conforme apontam Ferrel e Hartline (2009).

Conforme resume Calaes, Villas Bôas e Gonzales (2006), as oportunidades são acontecimentos externos ou possíveis ocorrências, atuais ou potencias, que podem colaborar para a realização dos objetivos estratégicos. Já as ameaças são os acontecimentos externos ou possíveis ocorrências, atuais ou potencias, que podem atrapalhar o andamento de objetivos estratégicos.

Dessa maneira, por meio desse acompanhamento, será possível visualizar em tempo hábil as oportunidades e ameaças que se evidenciam. Considerando que os fatores externos agem de maneira homogênea sobre as organizações que desempenham suas atividades em um mesmo mercado-alvo, somente aquelas que conseguirem reconhecer as mudanças e forem ágeis para se ajustar é que conseguirão aproveitar-se das oportunidades e menos estragos sofrerão com as ameaças, conforme lecionam Barney e Hesterly (2009).

Fique atento

Marques (2012) afirma que as ameaças e oportunidades das empresas representam o meio competitivo, com os seus consequentes riscos e potenciais recompensas. As expectativas dos indivíduos refletem o impacto sobre a organização de elementos como os interesses sociais, a política governamental, etc. Esses pontos precisam ser examinados antes de uma organização criar um conjunto realista e praticável de objetivos e políticas.

A chave do sucesso da organização é a competência dos líderes ou da administração em reconhecer as principais carências de cada um dos fatores ambientais, criando algum equilíbrio entre eles e colocando em prática diversas estratégias que a permitam beneficiar-se desses fatores. Lembre-se de que o atual ambiente de negócios no qual as organizações estão introduzidas é marcado pela ampla disputa, pela ininterrupta procura, pela baixa dos custos, pelo aumento da produtividade e pelo foco em resultados. Assim, as organizações necessitam ir atrás de maiores informações para assegurarem seu retorno de investimento. Diante disso, percebe-se que as organizações mais frágeis não resistem a essas condições por um período prolongado, enquanto as organizações mais competitivas estão constantemente criando e aprimorando novas capacidades e vantagens competitivas, conforme leciona Porter (2004).

Saiba mais

Quantas vezes vimos empresas fecharem as suas portas devido a decisões estratégicas tomadas informalmente? Imagine que um pequeno empresário resolveu realizar a venda de produtos importados dos Estados Unidos. Entretanto, poucos meses depois, o dólar subiu absurdamente. Em vez de a empresa crescer, agora luta pela sobrevivência. Se esse empreendedor tivesse realizado a análise SWOT, de repente não estaria passando por tal situação.

Exercícios

1. Segundo Ulrich (2002), a análise SWOT é um dos métodos mais utilizados em investigação social, seja no desenvolvimento de diagnósticos, no estudo organizacional ou na elaboração de planos. Ela auxilia as empresas no desenvolvimento do planejamento estratégico. Para que esse estudo auxilie as organizações, quais são os elementos que as empresas deverão descrever nos quatro quadrantes presentes na matriz SWOT?
   a) Forças, oportunidades, fraquezas e ameaças.
   b) Concorrentes, oportunidades, mercado potencial e estratégias.
   c) Forças, estratégias, concorrentes e oportunidades.
   d) Estratégias, fraquezas, ameaças e forças.
   e) Concorrentes, mercado potencial, forças e oportunidades.

2. Como vimos, conhecer os fatores internos e externos é indispensável para que a organização possa visualizar a realidade em que opera, podendo planejar melhor o seu futuro. Afinal, quais são os elementos que a empresa precisará descrever na matriz SWOT em relação ao seu ambiente interno?
   a) Forças e oportunidades.
   b) Oportunidades e ameaças.
   c) Estratégias e concorrentes.
   d) Forças e fraquezas.
   e) Ameaças e fraquezas.

3. As oportunidades de uma organização são fatores que esta não consegue controlar, mas poderá planejar-se e preparar-se para usufruir das suas vantagens. Em qual ambiente a organização deverá estudar as suas possíveis oportunidades?
   a) Ambiente interno.
   b) Ambiente empresarial.
   c) Ambiente da concorrência.
   d) Ambiente social.
   e) Ambiente externo.

4. Imagine que você acaba de adquirir uma loja de produtos orgânicos. A maioria dos produtos que você comercializa são perecíveis, e os seus principais consumidores residem a uma distância longa

do seu estabelecimento. Na sua matriz SWOT, qual seria o quadrante correto para apontar essa situação e tentar revertê-la ou amenizá-la?
a) Ameaças.
b) Estratégias.
c) Forças.
d) Oportunidades.
e) Fraquezas.

5. Você é proprietário de uma rede de hotéis no litoral de São Paulo. Há algumas semanas, a sua região vem enfrentando fortes temporais, fazendo com que várias reservas sejam canceladas. Ao realizar a sua matriz SWOT, em qual quadrante você apontará essa situação?
a) Ameaças.
b) Forças.
c) Oportunidades.
d) Fraquezas.
e) Estratégias.

Referências

ANÁLISE SWOT (FOFA): como fazer e qual a sua importância? *Blog Egestor*, 7 mai. 2018. Disponível em: <https://blog.egestor.com.br/como-desenvolver-uma-analise-swot-fofa/>. Acesso em: 23 out. 2018.

BARNEY, J. B.; HESTERLY, W. S. *Administração estratégica e vantagem competitiva*. São Paulo: Pearson Prentice Hall, 2009.

CALAES, G. D.; VILLAS BÔAS, R. C.; GONZALES, A. *Planejamento estratégico, competitividade e sustentabilidade na indústria mineral:* dois casos de não metálicos no Rio de Janeiro. 1. ed. Rio de Janeiro: Cyted, 2006.

CHIAVENATO, I.; SAPIRO, A. *Planejamento estratégico:* fundamentos e aplicações. 1. ed. Rio de Janeiro: Elsevier, 2003.

FEIL, A. A.; HEINRICHS, A. A. *A aplicação da análise da matriz SWOT em 5 agências de atendimento de uma cooperativa de crédito situada no Vale do Taquari — RS*. 2012. 13 f. Dissertação (Mestrado em Administração) - Curso de Administração, Universidade do Vale de Taquari, Taquari, 2012.

FERRELL, O. C.; HARTLINE, M. D. *Estratégica de marketing*. 4. ed. São Paulo: Cengage Learning, 2009.

KOTLER, P. *Marketing essencial:* conceitos, estratégias e casos. 2. ed. São Paulo: Pearson, 2005.

LOPES, V. M. A importância da análise SWOT. *Emprego e Renda*, [2016]. Disponível em: <http://www.empregoerenda.com.br/ideias-de-negocios/materias/1626-a-importancia-da-analise-swot>. Acesso em: 23 out. 2018.

LUECKE, R. *Estratégia*. 4. ed. Rio de Janeiro: Record, 2009.

MANAGER, J. O que é analise de SWOT. *Administradores*, João Pessoa, PB, 19 fev. 2009. Disponível em: <http://www.administradores.com.br/artigos/negocios/o-que-e-analise-de-swot/28174/>. Acesso em: 23 out. 2018.

MARQUES, C. *Estratégia de gestão da produção e operações*. Curitiba: IESDE Brasil, 2012.

MATOS, J. G. R.; MATOS, R. M. B.; ALMEIDA, J. R. *Análise do ambiente corporativo:* do caos organizado ao planejamento. 1. ed. Rio de Janeiro: E-papers, 2007.

OLIVEIRA, D. P. R. *Planejamento estratégico:* conceitos, metodologia e práticas. São Paulo: Atlas, 2007.

PORTER, M. E. *Estratégia competitiva:* técnicas para análise de indústria e da concorrência. 2. ed. Rio de Janeiro: Elsevier, 2004.

SANTOS, J. Problemas logísticos elevam os custos dos exportadores. *Revista ASLOG News*, São Paulo, 2006.

SILVA, A. T. B.; SPERS, R. G.; WRIGHT, J. T. C. A elaboração de cenários na gestão estratégica das organizações: um estudo bibliográfico. *Revista de Ciências da Administração*, v. 4, nº. 32, p. 21-34, 2012.

ULRICH, S. et al. *MAPA:* manual de planejamento e avaliação de projetos. 1. ed. Cascais: Principia, 2002.

VALIM, A.; GUIDINELI, A.; GONÇALVES, C. *Análise de SWOT*. Curso de Administração, Universidade Estadual de São Paulo, São Paulo, 2009.

Leituras recomendadas

COBRA, M. *Consultoria em marketing manual do consultor*. 1. ed. São Paulo: Cobra Editora e Marketing, 2003.

MINTZBERG, H. *O processo da estratégia*. Porto Alegre: Bookman, 2006.

MINTZBERG, H.; AHLSTRAND, B.; LAMPEL, J. *Safari da estratégia*. Porto Alegre: Bookman, 2010.

THOMPSON JUNIOR, A. A.; STRICKLAND, A. J. *Planejamento estratégico:* elaboração, implementação e execução. São Paulo: Pioneira, 2000.

WRIGHT, P.; KROLL, M. J.; PARNELL, J. A *Administração estratégica:* conceitos. 4. ed. São Paulo: Atlas, 2000.

Matriz BCG

Objetivos de aprendizagem

Ao final deste texto, você deve apresentar os seguintes aprendizados:

- Analisar a matriz BCG.
- Classificar produtos/serviços nos quatro grupos da matriz BCG.
- Definir planos de ação com base na matriz BCG.

Introdução

A matriz Boston Consulting Group (BCG) foi criada por Alan J. Zakon, do Boston Consulting Group, uma empresa de consultoria especializada em planejamento estratégico, e por William W. Wommack, da Mead Corporation, desenvolvida por Bany Hedby, membro do Conselho Administrativo do BCG, e elaborada por Bruce Henderson, também do BCG. A proposta da matriz é o uso simultâneo de informações provenientes tanto do ambiente externo quanto do diagnóstico da organização em relação ao mercado como uma ferramenta de *insight* para o desenvolvimento da estratégia corporativa, demonstrada graficamente.

A matriz BCG surgiu a partir da necessidade de uma ferramenta de análise aprofundada do portfólio de negócios das organizações. A classificação dos produtos/serviços nos quatro grupos da matriz, frente ao mercado e a livre concorrência, é determinante para a montagem e o estabelecimento de planos de ação específicos para o portfólio da empresa, considerando o seu ciclo de vida e uso de caixa. Assim, a matriz BCG é reconhecida como a "matriz de crescimento" na constituição do planejamento estratégico organizacional.

Neste capítulo, você vai estudar a matriz BCG, analisando o seu funcionamento, verificando como se dá a classificação dos produtos ou serviços nos quatro grupos da matriz e identificando planos de ação a partir da sua aplicação.

Apresentação da matriz BCG

A matriz BCG é uma ferramenta importante para o desenvolvimento da estratégia de uma empresa, trazendo como proposta de trabalho demonstrar de forma gráfica e, por sua vez, didática e de fácil visualização e entendimento, os fatos relacionados ao portfólio de negócios, produtos e serviços da empresa. A matriz BCG leva em consideração o ciclo de vida e a produção de caixa da empresa, conforme a sua participação relativa no mercado e o seu crescimento, proporcionando, assim, um **diagnóstico da organização** em relação ao mercado. O seu objetivo é, portanto, avaliar o desempenho, o consumo de recursos e o potencial de futuro de cada produto, serviço ou negócio (WRIGHT; KROL; PARNELL, 2000).

Conhecida também como **matriz de crescimento**, ou de participação, a matriz BCG é constituída de quatro grupos que se apresentam como possíveis combinações de participação e crescimento no mercado, representados pelos tipos de produtos e/ou serviços que compõem a carteira de negócios da empresa. A finalidade é avaliar o desempenho do portfólio de produtos e/ou serviços e a atuação de cada um deles durante o seu ciclo de vida, para a tomada de decisão pela descontinuidade ou reinvestimento em cada um deles durante um período.

A Figura 1 apresenta a matriz BCG.

Figura 1. Apresentação gráfica da matriz BCG.
Fonte: Adaptada de Matriz... ([2018]).

Em detalhes, os quatro quadrantes da matriz BCG ilustrados na figura são (WRIGHT; KROL; PARNELL, 2000):

- **Pontos de interrogação.** São produtos ou serviços, normalmente inovadores, que fazem parte de um nicho ou mercado novo, que se apresentam com perspectivas de altas taxas de crescimento, mas com baixa participação relativa. Possibilitam um futuro muito promissor, com resultados satisfatórios para a organização, pois o mercado se mostra em crescimento; porém, como a sua participação é baixa, podem se transformar em produtos não rentáveis para a empresa. Para que sejam viáveis, é preciso investir de forma adequada nesses produtos, desenvolvendo o seu potencial por meio de uma estratégia geral de crescimento, utilizando, principalmente, ferramentas e recursos de *marketing* nas fases de introdução e continuidade do produto/serviço no mercado.
- **Estrelas.** São produtos ou negócios que saem do ponto de interrogação e se tornam bem-sucedidos. O produto estrela é, normalmente, o líder de um mercado em rápida expansão, que gera boa rentabilidade, mas que ainda precisa de alto investimento. A empresa deve continuar investindo grandes parcelas de recursos nesse produto para enfrentar a concorrência, isso por que essa fase de crescimento no mercado é fundamental para o posicionamento da empresa e a adequação da melhor estratégia adotada para esse tipo de negócio. Devido ao seu grande potencial, em busca da sua manutenção e consolidação no mercado, o produto estrela pode se tornar uma vaca leiteira.
- **Vacas leiteiras.** São produtos ou negócios geradores de caixa, pois demandam poucos recursos para a sua manutenção, com mercado consolidado e uma participação contínua nele. Nesse grupo estão os produtos em fase de maturação do seu ciclo de vida, devendo a empresa aproveitar a curva de experiência da sua produção e utilizar custos fixos para gerar mais recursos. Esses produtos são fundamentais para a organização, pois, além de serem altamente rentáveis, também são utilizados no financiamento de outras linhas, classificadas como produto estrela, mantendo o equilíbrio na carteira de produtos inovadores da empresa.
- **Abacaxis.** São produtos ou negócios que possuem participação fraca em mercados com baixo crescimento e se encontram em estado de declínio, gerando baixos lucros ou até perdas para a empresa. Esses produtos devem ser evitados ao máximo no portfólio da empresa, mas, caso ainda existam, a melhor estratégia é a do desinvestimento, liquidando ou vendendo esses produtos ou linhas de serviço.

Na prática

O CD foi lançado em 1982 e substituiu os discos de vinil. A partir dos anos 2000, com formato de música digital e aumento dos downloads e streaming, o produto entra em desuso.

Veja em Realidade Aumentada a Matriz BCG aplicada ao ciclo de vida do CD (*Compact Disc*).

1. Acesse a página **https://bit.ly/2JvAj7g** e baixe o aplicativo Sagah Planejamento estratégico. Se preferir, use o QR code ao lado para baixar o aplicativo.
2. Abra o aplicativo e aponte a câmera para a imagem a seguir:

A matriz BCG apresenta uma fonte imensa de dados para a empresa no auxílio das tomadas de decisão referentes ao desenvolvimento ou não dos seus produtos/serviços, assim como para todas as suas áreas e departamentos. Trata-se, portanto, de um instrumento de grande importância, principalmente para os profissionais de *marketing* e vendas, na análise, manutenção, criação ou descontinuidade de produtos/serviços, bem como para a alta direção, na decisão da estratégia a ser desenvolvida, tendo como base os resultados dos cenários apresentados dos seus produtos/serviços.

Uma empresa que procura atingir a perpetuidade no mercado deverá manter sempre uma carteira de serviços ou produtos que conte com uma boa parcela de produtos estrela e produtos vaca leiteira, pois são duas linhas geradoras de recursos. Por meio dessa ação, utilizada no meio corporativo, a empresa poderá investir com segurança em produtos do tipo ponto de interrogação, e, no futuro, esses produtos poderão se transformar em novos geradores de lucro.

Link

Saiba mais sobre a matriz BCG e A sua utilização como ferramenta de *marketing* e gestão do ciclo de vida de produtos e serviços no artigo "Matriz BCG — Uma análise poderosa!", disponível no *link* abaixo.

https://goo.gl/uSzG7e

Produtos e serviços nos quatro grupos da matriz BCG

Toda organização, desde o momento da sua criação, acredita no seu desenvolvimento e potencial de crescimento, mediante fatores como qualidade da equipe, produtos e serviços disponibilizados, quantidade de vendas a serem alcançadas, lucro e participação no mercado. Para isso acontecer, vale contextualizar a importância do entendimento da administração estratégica para a empresa.

Fernandes e Berton (2012) definem a **administração estratégica** como um processo. Além disso, os autores acrescentam à definição as funções de planejar, executar e controlar, e especificam as áreas funcionais da organização. Verifica-se, portanto, que esse processo embasa todos os movimentos necessários para que a comunhão dos objetivos das áreas na empresa aconteça de forma totalmente integrada e, quando aplicada, tenha foco no crescimento, que pode ser obtido com recursos variados, como crescimento interno, integração vertical, integração horizontal, diversificação ou, ainda, por meio de fusões, alianças ou aquisições estratégicas.

O **crescimento interno**, ou orgânico, é obtido por meio do aumento das vendas, da capacidade de produção e da força de trabalho. Algumas empresas acreditam que o crescimento interno promove e valoriza ainda mais a cultura organizacional, a eficiência, a qualidade e a imagem corporativa, interna e externamente.

O crescimento do negócio e/ou a criação de novos negócios poderá acontecer tanto horizontal como verticalmente. O crescimento que foca a **integração horizontal** pode envolver a criação de novas empresas que operam em negócios relacionados ou não. No crescimento que foca a **integração vertical**, a empresa cresce pela aquisição ou criação de outras organizações, em um canal de distribuição, por exemplo; normalmente essa integração é utilizada para se obter maior controle sobre o produto ou a linha de negócios, possibilitando o aumento do lucro ou do volume de vendas.

Para uma melhor compreensão da matriz BCG apresentada na Figura 1, deve-se ter em mente que:

- a **taxa de crescimento do mercado** é evidenciada no eixo vertical;
- a **participação de mercado da empresa** é evidenciada no eixo horizontal.

Na Figura 2, os círculos representam uma **unidade de serviço/produto**, e o tamanho dos círculos reflete as **vendas anuais** da unidade de serviço/produto. A posição horizontal do círculo indica a participação do produto/serviço no mercado, e a vertical indica a taxa de crescimento do mercado no qual a empresa compete. Verifica-se que se trata de uma empresa com grande volume de vacas leiteiras e estrelas, alguns pontos de interrogação e uma redução de abacaxis, demonstrando, assim, um cenário positivo e, até mesmo, ideal de gestão para a formação de estratégias organizacionais promissoras.

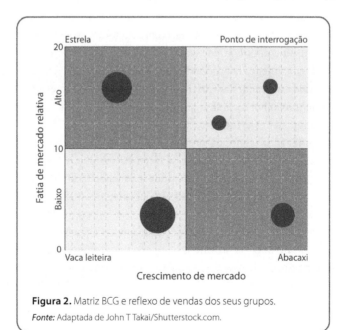

Figura 2. Matriz BCG e reflexo de vendas dos seus grupos.
Fonte: Adaptada de John T Takai/Shutterstock.com.

Para melhor compreender a classificação dos produtos e serviços nos quatro grupos da matriz BCG, podemos verificar um exemplo da construção de uma matriz BCG, com a identificação e o diagnóstico dos produtos e serviços de uma empresa fictícia e a sua apresentação gráfica. Vejamos: uma padaria é aberta ao lado de uma academia, em frente a um ponto de ônibus e próxima a um conjunto de casas populares; o seu objetivo é atender à demanda daquela região e os seus possíveis clientes mais próximos. O dono, ao longo dos três primeiros meses, faz um levantamento da aceitação e das vendas dos seus produtos, para que possa traçar novos caminhos ou investir mais em determinados produtos. O que fica evidenciado no seu relatório é que:

- O pão é o produto mais vendido, mas o leite é o produto mais rentável. Os energéticos são consumidos pela maioria do público da academia e dos jovens locais, tendo grande potencial de crescimento. Os biscoitos não têm um consumo muito bom.
- Os preços têm uma margem de 30% em cima do valor real do produto.

Dessa forma verifica-se que o pão é a estrela, o leite é a vaca leiteira, os energéticos são o ponto de interrogação e os biscoitos são o abacaxi.

Observa-se claramente que a matriz BCG é desenvolvida a partir da coleta de dados na análise do negócio em período, levando em consideração, para essa análise, a localização do negócio, o poder aquisitivo do cliente e o potencial futuro. Trata-se, portanto, de uma importante ferramenta de suporte ao planejamento estratégico, pois demonstra o desempenho de cada produto e possibilita a formulação de estratégias diferentes para cada produto, buscando maior eficácia e eficiência na operação do negócio e, consequentemente, resultados administrativo-financeiros positivos.

Link

No artigo disponível no *link* a seguir, intitulado "A matriz BCG e o posicionamento do produto", o autor explora a importância de uma gestão eficaz para a geração de maior lucro a partir da análise aprofundada do ciclo de vida dos produtos.

https://goo.gl/QMqXHY

Planos de ação com base na matriz BCG

Devido à agilidade com que as mudanças ocorrem atualmente, inclusive as mudanças de hábito das sociedades, torna-se necessário que as empresas acompanhem essas mudanças de perto, principalmente em relação ao seu público-alvo, para que possam perceber as oportunidades de se obter vantagem competitiva em relação aos concorrentes.

De acordo com Saloner, Shepard e Podolny (2003) existem duas categorias de vantagem competitiva: a primeira categoria é baseada na **posição da empresa** (rede de relacionamento, número de concorrentes no mercado e abrangência) e a segunda nas **capacidades da empresa** (são desenvolvidos pelos conhecimentos e habilidades da empresa). Para tanto, existem diversos instrumentos que auxiliam na avaliação da percepção da própria empresa, quanto aos seus produtos ou serviços frente ao mercado, e a matriz BCG, como pode-se perceber, é um deles. Por meio dela, obtém-se uma visão panorâmica de cada produto/serviço, demonstrando a contribuição deste para o resultado organizacional, seja positiva ou negativa.

Em geral, cada produto ou serviço é necessário e essencial para o portfólio da empresa, e, por isso, cada produto deve ter uma estratégia diferenciada no mercado. Assim, torna-se necessária a elaboração de uma **curva de experiência** da matriz BCG específica para cada produção acumulada; os custos unitários cairão de acordo com o valor adicionado. É, portanto, determinante que o portfólio de produtos/serviços de uma empresa tenha diferentes taxas de crescimento e diferentes níveis de participação de mercado, pois trata-se de um equilíbrio fundamental para a competitividade da empresa.

Após a execução do mapeamento do negócio e a obtenção do diagnóstico, parte-se para a ação, isto é, para a definição das **estratégias** que ampliarão a vantagem competitiva da empresa. São elas:

- **Criar participação de mercado (estratégia build).** Identificam-se as unidades de serviços/produtos promissoras, classificadas como pontos de interrogação, para transformá-las em estrelas, fortalecendo as ações de *marketing* voltadas a elas e reduzindo preços, mesmo que isso represente perdas ou uma lucratividade marginal à curto prazo. A proposta é atingir a liderança na participação de mercado; assim, a lucratividade virá automaticamente, como consequência.

- **Manter a participação de mercado (estratégia *hold*).** As unidades de negócios/produtos classificadas como vacas leiteiras são administradas visando aumentar a sua participação de mercado, gerando mais dinheiro. Com esse dinheiro das vacas leiteiras, investe-se nos produtos que demonstram alto potencial de crescimento, normalmente classificados como estrelas e, eventualmente, pontos de interrogação.
- **Colheita (estratégia *harvest*).** A colheita extrai o máximo de dinheiro possível à curto prazo, para permitir a redução da participação de mercado dos produtos classificados como abacaxis, ou dos pontos de interrogação que têm pouca expectativa de crescimento. O dinheiro será investido nos produtos classificados como estrelas.
- **Desinvestir.** O desinvestimento em uma unidade de serviço/produto ou a interrupção da sua produção normalmente gera algum dinheiro para a empresa, a partir da venda ou do término de inserção de dinheiro naquele produto, fazendo com que esse dinheiro ou investimento seja redistribuído para produtos classificados como estrelas e pontos de interrogação com potencial para se tornarem estrelas.

A estrutura da matriz BCG enfatiza a importância da **liderança na participação de mercado**. Produtos classificados como vacas leiteiras e estrelas são líderes de participação de mercado; alguns pontos de interrogação são cultivados para se tornarem líderes. Contudo, pontos de interrogação menos promissores e abacaxis são, em geral, indicados para a colheita ou o desinvestimento. Essas estratégias podem ser aplicadas a qualquer empresa; os seus gestores avaliarão aquela mais adequada ao seu negócio. O fundamental para a empresa é ter ações preventivas e bem-estruturadas para que o seu negócio permaneça dinâmico e promissor frente ao mercado e a concorrência.

Link

O Sebrae disponibiliza uma cartilha sobre a matriz BCG, explicando em detalhes a ferramenta e apresentando dicas de utilização. Acesse a cartilha no *link* a seguir.

https://goo.gl/i3jiQ5

Exercícios

1. O planejamento estratégico mostra ser um "braço" importante no desenvolvimento da administração de uma empresa e, para a sua execução, podem ser empregadas diversas ferramentas. Uma delas é a matriz BCG, criada, desenvolvida e elaborada por consultores e estudiosos da Administração, principalmente do Boston Consulting Group. Quem foram eles e qual é o principal objetivo do uso da matriz BCG em uma organização?

   a) A matriz BCG foi criada por Philip Kotler, pai do *marketing*, e por William W. Wommack, da Mead Corporation, desenvolvida por Alan J. Zakon, do BCG, e elaborada por Bruce Henderson, também do BCG. Tem como principal objetivo oferecer instrumentos para a criação de novas campanhas publicitárias de *marketing* para implementação imediata na alavancagem de produtos/serviços diagnosticados com baixa lucratividade, utilizando-se da melhor estratégia daquele momento, demonstrada graficamente

   b) A matriz BCG foi criada por Alan J. Zakon e por William W. Wommack, da Mead Corporation, desenvolvida por Bruce Henderson, do BCG, e elaborada por Peter Drucker, pai da Administração Moderna. Tem como principal objetivo dar subsídios consistentes para a criação de novos fundos de investimentos, para uma alavancagem dos produtos/serviços diagnosticados com baixa lucratividade, utilizando-se de recursos de terceiros por meio de parcerias estratégicas para aquele momento, demonstradas graficamente.

   c) A matriz BCG foi criada por Alan J. Zakon, do BCG, e por William W. Wommack, da Mead Corporation, desenvolvida por Bany Hedby, do BCG, e elaborada por Bruce Henderson, também do BCG. Tem como principal objetivo facilitar o entendimento do desempenho dos produtos/serviços para a gestão da empresa, por meio de um diagnóstico preciso e respaldado em dados reais de como se encontra o ciclo de vida de seus produtos/serviços, sua participação no mercado, seu crescimento e desempenho, para o desenvolvimento da melhor estratégia naquele momento, demonstrada graficamente.

   d) A matriz BCG foi criada por Alan J. Zakon, do BCG, e por William W. Wommack, da Mead Corporation, desenvolvida por Peter Drucker, pai da Administração Moderna, e elaborada por Philip Kotler, pai do *marketing*. Tem como principal objetivo utilizar todo o conhecimento e a capacidade técnica desses grandes estudiosos para formatar um conjunto de ações defensivas na abordagem estratégica e competitiva de todo o portfólio de produtos/serviços da empresa, em prol de um constante crescimento na participação de mercado de todos eles, demonstrada graficamente.

e) A matriz BCG foi criada por Alan J. Zakon, do BCG, e por William W. Wommack, da Mead Corporation, desenvolvida por Bany Hedby, do BCG, e elaborada por Bruce Henderson, também do BCG. Tem como principal objetivo facilitar o entendimento para a gestão da empresa das estratégias a serem desenvolvidas a partir do diagnóstico dos produtos/serviços nos últimos anos e da análise da concorrência, evidenciadas em cortes de custos e aquisição de parceiros de negócios e demonstradas graficamente.

2. A matriz BCG traz, nos seus fundamentos, a observação dos produtos/serviços de uma empresa quanto ao mercado, considerando o ciclo de vida deles como um auxílio para a tomada de decisão da alta gestão. Dessa forma, a matriz BCG pode ser reconhecida como uma matriz que demonstra características próprias da empresa em seu objeto de trabalho, podendo também ser chamada de:
a) matriz *harvest*.
b) matriz de crescimento ou participação.
c) matriz *build*.
d) matriz *hold*.
e) matriz de desinvestimento.

3. A matriz BCG é constituída de quatro grupos, que se apresentam como possíveis combinações de participação e crescimento no mercado, representados pelos tipos/espécies de produtos/serviços que compõem a carteira de negócios da empresa. Como são chamados esses grupos e qual é a característica principal de cada um deles?

a) Círculos: representam as vendas dos produtos/negócios da empresa. Estrelas: produtos bem-sucedidos, líderes de mercado em rápida expansão. Vacas leiteiras: produtos geradores de caixa em fase de maturação do seu ciclo de vida. Abacaxis: produtos em declínio ou com baixo crescimento.

b) Pontos de interrogação: produtos inovadores e bem-sucedidos. Estrelas: produtos líderes de mercado em rápida expansão. Vacas leiteiras: produtos geradores de caixa em fase de maturação do seu ciclo de vida. Círculos: representam as vendas dos produtos/negócios da empresa.

c) Pontos de interrogação: produtos inovadores. Círculos: representam as vendas dos produtos/negócios da empresa. Vacas leiteiras: produtos geradores de caixa em fase de maturação do seu ciclo de vida. Abacaxis: produtos em declínio ou com baixo crescimento.

d) Pontos de interrogação: produtos inovadores. Estrelas: produtos bem-sucedidos, líderes de mercado em rápida expansão. Círculos: representam as vendas dos produtos/negócios da empresa. Abacaxis: produtos em declínio ou com baixo crescimento.

e) Pontos de interrogação: produtos inovadores. Estrelas: produtos bem-sucedidos, líderes de mercado em rápida expansão.

Vacas leiteiras: produtos geradores de caixa em fase de maturação do seu ciclo de vida. Abacaxis: produtos em declínio ou com baixo crescimento.

4. A matriz BCG proporciona um mapeamento do desenvolvimento dos produtos/serviços de uma empresa e da sua lucratividade, fazendo um diagnóstico da sua participação no mercado. Com isso, constrói-se um plano de ação, em que são traçadas estratégias para a ampliação da vantagem competitiva do seu portfólio. Quais são essas estratégias e os seus propósitos?

a) Estratégia vertical: tem como propósito a ascendência do produto/serviço, investindo exclusivamente em um único produto, como carro-chefe daquela empresa. Estratégia *hold*: tem o propósito de manter a participação no mercado. Estratégia *harvest*: tem como propósito extrair, colher investimento de outro produto que tenha pouca expectativa de crescimento para ser investido em produtos de melhor potencial. Desinvestir: tem como propósito extinguir a produção de um produto ou desinvestir em um produto/serviço.

b) Estratégia horizontal: tem como propósito evidenciar e estimular a taxa de crescimento de determinado produto/serviço. Estratégia *hold*: tem o propósito de manter a participação no mercado. Estratégia *harvest*: tem como propósito extrair, colher investimento de outro produto que tenha pouca expectativa de crescimento para ser investido em produtos de melhor potencial. Desinvestir: tem como propósito extinguir a produção de um produto ou desinvestir em um produto/serviço.

c) Estratégia *build*: tem como propósito criar a participação no mercado do produto/serviço, tornando-o líder. Estratégia *hold*: tem o propósito de manter a participação no mercado. Estratégia exclusiva: tem como propósito excluir produtos vacas leiteiras e investir apenas em produtos estrelas. Desinvestir: tem como propósito extinguir a produção de um produto ou desinvestir em um produto/serviço.

d) Estratégia *build*: tem como propósito criar a participação no mercado do produto/serviço, tornando-o líder. Estratégia *hold*: tem o propósito de manter a participação no mercado. Estratégia *harvest*: tem como propósito extrair, colher investimento de outro produto que tenha pouca expectativa de crescimento para ser investido em produtos de melhor potencial. Desinvestir: tem como propósito extinguir a produção de um produto ou desinvestir em um produto/serviço.

e) Estratégia *build*: tem como propósito criar a participação no mercado do produto/serviço, tornando-o líder. Estratégia *hold*: tem o propósito de manter a participação no mercado. Estratégia *harvest*: tem como propósito extrair, colher investimento de outro produto que tenha pouca expectativa de crescimento para ser investido em produtos de melhor potencial. Estratégia de absorção produtiva: tem como propósito absorver todo o prejuízo de um produto abacaxi, investir capital em *marketing* para a sua alavancagem nas vendas.

5. A matriz BCG foi criada e desenvolvida para instrumentalizar a administração com uma ferramenta no auxílio da tomada de decisão. A qual área da Administração pertence essa ferramenta?
a) Planejamento estratégico.
b) Gestão financeira.
c) Controles administrativos.
d) Organização estrutural.
e) Coordenação de pessoal.

Referências

FERNANDES, B. H. R.; BERTON, L. H. *Administração estratégica:* da competência empreendedora à avaliação de desempenho. São Paulo: Saraiva, 2012.

MATRIZ BCG. *Wikipédia*, Flórida, [2018]. Disponível em: <https://pt.wikipedia.org/wiki/Matriz_BCG>. Acesso em: 10 set. 2018.

SALONER, G.; SHEPARD, A.; PODOLNY, J. *Administração estratégica*. Rio de Janeiro: LTC, 2003.

WRIGHT, P.; KROLL, M. J.; PARNELL, J. *Administração estratégica:* conceitos. São Paulo: Atlas, 2000.

UNIDADE 3

Posicionamento estratégico

Objetivos de aprendizagem

Ao final deste texto, você deve apresentar os seguintes aprendizados:

- Conceituar grupos estratégicos e mapas estratégicos.
- Identificar as dimensões utilizadas na definição do posicionamento estratégico.
- Definir proposição de valor, modelo operacional voltado a valor e disciplinas de valor.

Introdução

O posicionamento estratégico tem como premissa o desejo da empresa de demonstrar valor aos seus clientes, estabelecendo ações frente ao mercado e apresentando diferencial competitivo frente aos seus concorrentes.

Neste capítulo, você vai estudar a construção do posicionamento estratégico no processo de desenvolvimento da estratégia, tendo como base a formação de grupos estratégicos de estudos e ação interna, o uso de mapas estratégicos como ferramentas para o planejamento da estratégia e o entendimento dos fatores que influenciam a rivalidade entre os concorrentes e das dimensões que favorecem o bom posicionamento estratégico. Além disso, você vai verificar como se dá a proposição de valor pelas empresas e vai analisar uma nova forma de posicionamento, que parte de disciplinas de valor aplicadas ao modelo operacional.

Grupos estratégicos e mapas estratégicos

A estratégia é um "braço" extremamente importante para o gestor nas organizações, podendo ser trabalhada de diversas maneiras e com objetivos diversos, sempre com o foco na alavancagem da empresa no cenário econômico. Nos primórdios da formação conceitual e da prática relacionada à escolha estratégica nas empresas, o objetivo dessa escolha era alcançar um posicionamento competitivo baseado exclusivamente em custos e na participação no mercado, sendo determinante o custo do produto/serviço. No entanto, hoje, percebe-se que as empresas podem ter sucesso dentro do mesmo setor orientando-se por estratégias diferentes, cada uma buscando uma forma diferente de vantagem competitiva frente a um subconjunto diferente de clientes.

Dessa forma, a estratégia pode ser vista como a construção de defesas contra as forças competitivas ou como a descoberta de posições no setor ou na área de negócio, o que trará ao estrategista condições de identificar os pontos fortes e fracos dos concorrentes e da própria empresa. O conhecimento e a avaliação das capacidades da empresa e das forças competitivas realçarão as áreas em que se deve enfrentar ou evitar a competição. É importante salientar que o principal propósito da **administração estratégica** é a criação de capital para os seus proprietários por meio da satisfação das necessidades e expectativas dos *stakeholders*, isto é, de todas as pessoas que têm algum relacionamento com a organização, incluindo os administradores, funcionários, acionistas, fornecedores, clientes, credores e a própria comunidade.

O **delineamento da estratégia** deve se dar por meio de um **processo interativo**, com a participação ativa dos diversos grupos da organização, assumindo diferentes papéis. Essa participação de diversos grupos é interessante, pois provê uma base mais rica para enxergar alternativas para a organização, além de minimizar a resistência por ocasião da implantação das estratégias. Os seguintes grupos farão toda a diferença no desenvolvimento da estratégia a ser aplicada:

- **Grupo de coordenação** — entra com o referencial metodológico, o aporte técnico, a definição da agenda de trabalho e as informações de mercado.
- **Grupo de modelagem** — é o que constrói a estratégia em seus detalhes, desenhando caminhos a seguir e ações a serem executadas.
- **Alta gestão (diretoria)** — estabelece a estratégia em suas linhas gerais e valida os trabalhos desenvolvidos pelo grupo de modelagem.
- **Grupos de consulta** — são aqueles chamados para participar do processo em momentos pontuais, seja para opinar sobre os trabalhos desenvolvidos até determinado momento, seja para prover o processo com mais informações ou insumos. Nesse grupo podem ser incluídos outros *stakeholders* da organização. Entretanto, a organização deve ter atenção se optar por envolver grupos externos, para que sua estratégia não vá parar nas mãos dos concorrentes.

O processo dinâmico dos grupos será customizado para cada empresa, de acordo com o negócio, a área, o mercado, a estrutura, a cultura e o porte da organização; essa flexibilidade permite que sejam utilizados nas mais diversas circunstâncias.

Os **mapas estratégicos** se apresentam como ferramentas fundamentais nas medidas de desempenho e de performance de uma organização, dando uma visão clara aos funcionários de como as suas funções estão ligadas aos seus objetivos na aplicação do planejamento estratégico; esses mapas podem ser representados visualmente e/ou graficamente pelos **indicadores-chave de desempenho** (BSCs, do inglês *balanced scorecards*), uma metodologia bastante eficiente no meio empresarial.

O BSC foi criado pelos professores da Harvard Business School Robert Kaplan e David Norton e consiste em uma ferramenta para ser aplicada nas empresas como forma de balancear as ações estratégicas, interligando missão, visão e objetivos aos seus funcionários e os identificando como partes integrantes de causas e efeitos das entregas realizadas por eles. O BSC tem como objetivo o impulsionamento do desempenho corporativo, analisando os indicadores para a melhor tomada de decisões estratégicas (KAPLAN E NORTON, 2001).

Adotar ou criar um sistema de medição de desempenho é extremamente importante para o desenvolvimento estratégico de uma organização, pois é a partir da apuração dessas medições e da avaliação dos seus resultados que a empresa poderá obter um melhor diagnóstico dos caminhos que estão sendo percorridos, ou seja, se as estratégias adotadas estão tendo bom rendimento. É importante observar o cenário interno e tomar as providências necessárias em resposta ao rendimento obtido pelos indicadores estratégicos de cada área, setor ou departamento, uma vez que uma única área ou setor poderá afetar todo o desempenho da organização, conforme lecionam Kaplan e Norton (2001).

Ainda segundo Kaplan e Norton (2001, p. 22), "[...] para que o desempenho organizacional seja superior à soma das partes, as estratégias individuais precisam estar conectadas e integradas". Assim, o BSC traz, na sua essência, a necessidade da integração das **quatro perspectivas** que o norteiam, apresentando uma mudança total de *mindset* (forma de pensar) e de ação coordenada de todos os envolvidos no negócio:

1. financeira;
2. dos clientes;
3. dos processos internos;
4. do aprendizado e crescimento.

Estabelecer metas claras e gerenciá-las é papel da liderança, e utilizar o BSC facilitará a visão abrangente do objetivo a ser alcançado. Utilizando o BSC, torna-se possível visualizar com clareza a melhor forma de alocar os recursos financeiros, de forma a aumentar a rentabilidade. Por meio do delineamento dos processos, torna-se possível obter a excelência na qualidade dos serviços/produtos e, por consequência, a satisfação e, até mesmo, a fidelização dos clientes, demonstrando diferencial perante a concorrência e obtendo posição destacada no mercado. A partir do investimento nos recursos humanos e do estímulo para sua melhoria contínua e o seu aperfeiçoamento, possibilita-se um futuro promissor para todos os envolvidos na organização, com foco no sucesso.

Link

O artigo "Mapas estratégicos" traz uma visão contextualizada e bem fundamentada da importância dos mapas estratégicos para a comunicação estratégica interna, visando ao alinhamento estratégico organizacional. Acesse-o no *link* abaixo.

https://goo.gl/PKUWUd

Dimensões utilizadas na definição do posicionamento estratégico

Para Kotler (2013), **posicionamento** se traduz como a soma entre segmentação e diferenciação; ou seja, para uma organização definir o seu posicionamento no mercado, a análise é ferramenta fundamental para obter sucesso. Assim, o posicionamento tem como base a **seleção do mercado-alvo**, a sua segmentação (classe social, poder aquisitivo, região, interesses, etc.) e diferenciação (superioridade, valor agregado, destaque do porquê de aquela marca/produto ser único). O posicionamento, portanto, pode ser compreendido como o ato de desenvolver a oferta e a imagem da empresa para ocupar um lugar de destaque na mente do público-alvo (KOTLER, 2013).

A palavra posicionamento foi popularizada por dois executivos da área da propaganda, Ries e Trout (2009), que conceituam posicionamento como um **exercício criativo** feito para determinado produto/serviço. A empresa, para conquistar o cliente potencial, deve posicionar o produto/serviço na mente desse cliente. O resultado do posicionamento é a criação bem-sucedida de uma **proposição de valor** concentrada no mercado, proporcionando uma razão convincente para o mercado-alvo comprar o produto/serviço.

Ries e Trout (2009) afirmam que os produtos conhecidos geralmente ocupam uma posição de destaque na mente dos clientes. Por exemplo, quando falamos sobre refrigerantes, em geral, o primeiro que vem à mente é a Coca-Cola; isso reflete o fato de esta ser a maior empresa de refrigerantes do mundo. Para competir com toda a grandiosidade dessa marca, o concorrente tem algumas opções, como reforçar a sua posição atual na mente do consumidor (para um refrigerante não cola, como o guaraná Antártica), conquistar uma posição não ocupada (como uma bebida feita a partir do chá, como o Mate Leão) ou reposicionar a concorrência.

A rivalidade entre concorrentes para alcançar um posicionamento estratégico está relacionada a diversos fatores, que devem ser identificados e dimensionados de acordo com a organização. São **fatores que ocasionam a rivalidade entre concorrentes**:

- Os concorrentes são muitos ou aproximadamente iguais em porte e poder.
- O crescimento do setor é lento, precipitando lutas por participação de mercado que envolvam ideias de expansão.
- O produto ou serviço não tem diferenciação ou custos repassáveis.
- Os custos fixos são altos ou o produto é perecível, criando uma grande possibilidade de redução de preços.
- As barreiras de saída são elevadas, tendo ativos muito especializados.

O que se evidencia nesses fatores é que as empresas podem diferenciar as suas ofertas de produtos/serviços. Para consolidar a compreensão desse aspecto, Rocha e Christensen (1999) se referem à imagem obtida por um produto na mente do consumidor, elencando **três dimensões para alcançar um posicionamento estratégico**:

1. o tipo de oferta que a empresa faz;
2. o público-alvo da oferta;
3. a concorrência.

O entendimento dos fatores que ocasionam a rivalidade e das dimensões para se alcançar um posicionamento estratégico faz com que se perceba a importância de estabelecer uma comunicação muito clara e objetiva na construção e apresentação da proposta do produto/serviço para o consumidor. Para que, de fato, se crie uma vantagem competitiva, deve-se fazer uma demonstração real de um diferencial consistente do produto/serviço para o consumidor. Esse diferencial corresponde ao posicionamento desejado pela empresa, podendo consistir na qualificação dos canais de atendimento e distribuição, na mão de obra qualificada, ou mesmo no poder da marca, somado à estratégia adotada pela empresa de forma pró-ativa desde a sua definição, ao modelo de *marketing*, ao monitoramento da resposta do público-alvo e à constante atualização do *feedback* oferecido ao consumidor, tendo sempre como ponto central a fidelização e a otimização das entregas.

Isso reforça a ideia central dos estudos sobre posicionamento estratégico de Montgomery e Porter (1998), professores da Harvard Business School, que definem o posicionamento estratégico como a capacidade de a empresa realizar suas funções de forma diferente da concorrência ou de produzir algo reconhecido pelos compradores, seus consumidores ou não, como único. Assim, fica claro para a gestão organizacional que o posicionamento estratégico é um instrumento de apoio ao processo de tomada de decisão, diretamente relacionado à constituição do produto/serviço e à forma de comunicar e compartilhar seus atributos ao público-alvo e, automaticamente, ao mercado em que a organização está inserida.

Link

O artigo "Michael Porter tem razão" apresenta uma análise de estratégias competitivas elaborada por Porter, aplicando os conceitos teóricos do autor à realidade. O artigo está disponível no *link* abaixo.

https://goo.gl/LBBVrx

Proposição de valor

A proposição de valor, ou oferta, corresponde aos pacotes de produtos e serviços que criam valor para um segmento de clientes específicos. A proposição de valor é a razão pela qual os clientes escolhem uma empresa em detrimento de outra. Ela resolve um problema ou satisfaz uma necessidade daquele cliente.

A **meta da estratégia** é vencer a acirrada concorrência. No cerne da estratégia corporativa está a capacidade de a corporação diversificada aumentar a vantagem competitiva das suas unidades de negócio. Porém, em vez de diversificar, as empresas estão cada vez mais formando **alianças estratégicas**. Algumas empresas utilizam essas alianças para adquirir novos recursos; outras estão preferindo reduzir os seus escopos de atuação por meio da especialização em um número limitado de atividades da cadeia de valor e da terceirização do restante das atividades.

Cada empresa traça estratégias próprias de acordo com o cenário econômico atual e o que avalia da resposta do mercado, pois as suas ações precisam desenvolver e comunicar um posicionamento de destaque para cada oferta de produto/serviço durante todo o seu ciclo de vida. No desdobramento e amadurecimento dos produtos/serviços oferecidos, surgem dinâmicas estruturais que devem ser consideradas, sendo observados os seus ciclos de vida no posicionamento atualizado. Treacy e Wiersema (1995) propõem uma estrutura diferente de posicionamento, denominada **disciplinas de valor**.

Em um determinado setor ou área, a empresa deve aspirar a ser líder em produto, demonstrar excelência operacional e ter intimidade com o cliente. Alguns clientes favorecem a empresa que está expandindo as fronteiras tecnológicas (**liderança em produto**); outros exigem um desempenho altamente confiável (**excelência operacional**); outros, ainda, desejam a satisfação das suas necessidades individuais (**intimidade com o cliente**). Para ser bem-sucedida, a empresa deve se tornar a melhor em uma dessas disciplinas de valor, desempenhar adequadamente as outras disciplinas e melhorar continuamente em todas as disciplinas, para se afastar das empresas rivais.

Ries e Trout (2009) defendem o uso de uma única mensagem de posicionamento consistente. Cada marca é vista como "a número 1" em um determinado atributo, como "melhor qualidade", "melhor serviço", "melhor preço" ou "tecnologia mais avançada". Para eles, se a empresa trabalhar com afinco em um desses posicionamentos e conseguir entregá-lo, ela provavelmente será mais conhecida e lembrada por esse ponto forte. Porém, principalmente nos dias atuais, nem todos concordam com o posicionamento de benefício único, mas com uma combinação de dois ou mais fatores. Por exemplo, uma pasta de dentes "X" pode oferecer refrescância, bem como bom preço e qualidade.

A tarefa do posicionamento é transmitir ao mercado-alvo uma ideia central sobre uma empresa ou oferta. O posicionamento simplifica o que pensamos da empresa. Assim, deve-se comunicar o posicionamento da empresa ou da marca por meio do **plano de *marketing***, que incluirá uma **declaração de posicionamento** que contenha:

- o grupo-alvo e a necessidade;
- a marca;
- o conceito;
- o diferencial.

Exemplo do Red Bull: ele não é apenas um energético, ele pode te dar asas, isto é, maior energia do que qualquer outro concorrente.

Para administrar o posicionamento, deve ser constantemente analisado o que foi proposto na declaração de posicionamento, sempre se levando em conta o **ponto de vista do cliente**. Qual posição exata a declaração quer atingir na mente do público? Qual necessidade esse posicionamento aborda e por que os clientes valorizam essa posição? Uma vez que a empresa desenvolva uma estratégia de posicionamento, ela deve comunicar esse posicionamento por todas as faces do *mix* **de** *marketing* adotado e administrá-lo em todos os pontos de contato, por todo o ciclo de vida do produto/serviço. As empresas precisam desenvolver e comunicar um posicionamento de destaque para cada produto/serviço.

Posicionamento é a arte de desenvolver a oferta e a imagem da empresa para ocupar um lugar de destaque na mente do seu mercado/cliente-alvo. Dessa forma, verifica-se que o posicionamento tem como característica principal demonstrar o diferencial de um produto/serviço, sendo o meio para ofertar valor ao público-alvo, a partir de um *mix* de estratégias de *marketing* e de um foco, que se inicia pelo posicionamento desejado, passando pela apresentação do diferencial do produto/serviço e pela posição percebida pelo público em relação ao valor agregado daquele produto/serviço, chegando à conquista do público e à manutenção daquela marca no imaginário do público, como referencial de consumo frequente.

Link

No artigo disponível no *link* a seguir, Herrera (2008) demonstra de forma clara e objetiva a importância da proposição de valor do produto para a empresa.

https://goo.gl/wDTibD

Exemplo

No artigo disponível no *site* UX Collective BR, Teixeira (2013, documento on-line) exemplifica a definição da proposição de valor de um produto por uma empresa, relacionando-a à experiência do usuário (UX). Para o autor, a proposição de valor consiste no "[...] processo de definição de um produto e o resultado encontrado ao final desse processo". Assim, o autor elenca alguns pontos que a proposição de valor ajuda a definir com relação a um produto a ser criado, visando ao afunilamento das ideias da equipe de criação. Seguem os pontos apontados pelo autor:

- Por que estamos investindo recursos nesse produto? Qual é a oportunidade de negócios que a empresa vê em criar esse produto? Quais dados e estatísticas ajudam a comprovar que o produto é financeiramente viável?
- O que é o produto? Quais são as funcionalidades que ele contém? Qual é a principal funcionalidade? Como ele se diferencia dos competidores?
- Para quem ele está sendo criado? Qual é o perfil demográfico do usuário? E mais importante: qual é o comportamento ou a necessidade que são específicos desse usuário e que conectam diferentes perfis demográficos em um grupo consistente e uniforme?
- Onde e quando o produto será usado? Que horas do dia? Com que frequência? Em casa, em trânsito, no trabalho? É um produto de uso constante ou algo para usar uma vez só?
- Como queremos que as pessoas usem o produto? Qual é o seu objetivo? O que queremos que as pessoas sintam ao utilizar esse produto? Qual sensação queremos causar e qual problema queremos resolver?
- E mais importante: de tudo isso que você listou aí em cima enquanto tentava responder a essas perguntas, o que é mais importante?

O artigo completo pode ser consultado no *link* a seguir.

https://goo.gl/FVJH9g

Exercícios

1. A administração estratégica tem como proposta a criação de valor para um produto/serviço, levando em conta a satisfação das necessidades e expectativas de um grupo de pessoas. Quem seriam essas pessoas que têm esse poder de influência nas empresas?
a) O grupo de coordenação técnica.
b) A alta gestão da empresa.
c) A equipe de *marketing*.
d) Os *stakeholders*.
e) O público-alvo.

2. O BSC se apresenta como ferramenta fundamental para as medições de desempenho das organizações, tendo como premissa a integração de quatro perspectivas. Quais são elas?

a) Perspectiva dos clientes, dos credores, da comunidade e dos acionistas.
b) Perspectiva dos administradores, dos funcionários, dos acionistas e dos fornecedores.
c) Perspectiva financeira, dos clientes, dos processos internos e do aprendizado e crescimento.
d) Perspectiva administrativa, financeira, dos processos internos e das comunidades.
e) Perspectiva financeira, dos acionistas, dos administradores e dos fornecedores.

3. O processo de construção da estratégia, quando surge de um processo interativo e participativo,

normalmente encontra pequena resistência, ou mesmo nenhuma, na organização, devido aos grupos de trabalho interno terem o senso de pertencimento àquele projeto. Quais seriam esses grupos?
a) Grupo de coordenação (suporte técnico), grupo de modelagem (mostra caminhos criativos), diretoria (estabelece linhas gerais) e grupos de consulta (pontuais).
b) Grupo de *stakeholders* (exercer influência), alta gestão (poder de comando), grupo financeiro (determina limites), grupos de consulta (pontuais).
c) Grupo de coordenação (suporte técnico), grupo de modelagem (caminhos criativos, *marketing*), grupos de consulta (pontuais, porém com tomada de decisão).
d) Grupo de coordenação (suporte técnico), grupo de *stakeholders* (exercer influência), grupo de modelagem (*marketing*).
e) Grupo financeiro (determina limites de gastos/custos), grupo da alta direção e grupo de *stakeholders* (influencia tomadas de decisão).

4. Tornar um produto conhecido no mercado e obter o posicionamento da sua marca é o objetivo de toda organização. Por isso, na visão de Rocha e Christensen (1999), a imagem do produto precisa ser uma tônica no seu processo de desenvolvimento. Para os autores, existem três dimensões a serem consideradas na mente do consumidor quanto à mensagem passada pelo produto, são elas:
a) o valor financeiro; a qualidade do produto; o tipo de oferta que a empresa faz.
b) o tipo de oferta que a empresa faz; o público-alvo da oferta; a concorrência.
c) o público-alvo da oferta; a comparação da concorrência; o valor agregado para o consumidor.
d) o referencial de inovação; o valor agregado para o consumidor; a tecnologia.
e) o tipo de oferta que a empresa faz; o valor financeiro; a qualidade do produto.

5. No desenvolvimento do planejamento estratégico, avalia-se constantemente o cenário econômico e a resposta que o portfólio de produtos e serviços está oferecendo, compreendendo-se o posicionamento de cada produto/serviço. Com essa análise, pode ser proposta uma estrutura diferente de posicionamento, chamada disciplinas de valor, que oferece instrumentos referenciais dos seus produtos/serviços junto ao mercado. Nesse novo posicionamento, a empresa deve:
a) aspirar ser líder em produto/serviço, demonstrar excelência operacional e ter intimidade com o cliente.
b) demonstrar excelência financeira, administrativa e operacional ao seu cliente.
c) aspirar ser líder em produto/serviço, demonstrar capacidade tecnológica e ter preocupação e responsabilidade ambiental.
d) aspirar ser líder em produto/serviço e demonstrar responsabilidade social e inclusão comunitária.
e) apresentar solidez administrativa e operacional e intimidade com o seu público-alvo.

Referências

KAPLAN, R. S.; NORTON, D. P. *Organização orientada para a estratégia:* como empresas que adotam o Balanced Scorecard prosperam no novo ambiente de negócios. 4. ed. Rio de Janeiro: Campus, 2001.

KOTLER, P. *Marketing essencial:* conceitos, estratégias e casos. 5. ed. São Paulo: Pearson, 2013.

MONTGOMERY, C. A.; PORTER, M. E. *Estratégia:* a busca da vantagem competitiva. São Paulo: Campus, 1998.

RIES, A.; TROUT, J. *Posicionamento:* a batalha por sua mente. São Paulo: MBooks do Brasil, 2009.

ROCHA, A; CHRISTENSEN, C. *Marketing:* teoria e prática no Brasil. 2. ed. São Paulo: Atlas, 1999.

TEIXEIRA, F. A importância em definir a proposição de valor de um produto. *UX Colletive BR*, 16 set. 2013. Disponível em: <https://brasil.uxdesign.cc/a-import%C3%A2ncia--em-definir-a-proposi%C3%A7%C3%A3o-de-valor-de-um-produto-e8c5c70a46d6>. Acesso em: 4 set. 2018.

TREACY, M.; WIERSEMA, F. *A disciplina dos líderes de mercado:* escolha seus clientes, direcione seu foco, domine seu mercado. São Paulo: Rocco, 1995.

Leituras recomendadas

FERNANDES, B. H. R.; BERTON, L. H. *Administração estratégica:* da competência empreendedora à avaliação de desempenho. São Paulo: Saraiva, 2012.

HERRERA, W. Proposição de valor. *Portal do Marketing*, 17 nov. 2008. Disponível em: <http://www.portaldomarketing.com.br/Artigos1/Proposicao_de_valor.htm>. Acesso em: 4 set. 2018.

PASSOS, A. Michael Porter tem razão. *Administradores*, 6 mai. 2011. Disponível em: <http://www.administradores.com.br/artigos/tecnologia/michael-porter-tem-razao/54858/>. Acesso em: 4 set. 2018.

SALONER, G.; SHEPARD, A.; PODOLNY, J. *Administração estratégica*. Rio de Janeiro: LTC, 2003.

SERAFIM, A. Mapas estratégicos. *Portal Gestão*, 31 jul. 2013. Disponível em: <https://www.portal-gestao.com/artigos/7175-mapas-estrat%C3%A9gicos.html>. Acesso em: 4 set. 2018.

WRIGHT, P.; KROLL, M. J.; PARNELL, J. *Administração estratégica:* conceitos. São Paulo: Atlas, 2000.

Objetivos estratégicos: definição e classificação

Objetivos de aprendizagem

Ao final deste texto, você deve apresentar os seguintes aprendizados:

- Justificar por que a definição dos objetivos estratégicos é importante para o planejamento estratégico.
- Classificar os objetivos estratégicos segundo a natureza, o prazo e a forma.
- Diferenciar objetivos estratégicos de metas estratégicas.

Introdução

Os objetivos estratégicos são criados tanto em âmbito geral quanto em âmbito específico, estabelecendo um conjunto de premissas para a análise da viabilidade do negócio por meio da percepção e de ações diversas junto ao público-alvo, aos colaboradores da organização e à comunidade. Em consonância com o mercado, determinam-se metas claras e prazos para a conclusão e a avaliação de cada estágio superado, de modo a apresentar a sua importância para o planejamento estratégico, que é o grande tema deste nosso estudo.

Neste capítulo, estudaremos a definição e a classificação dos objetivos estratégicos de acordo com a sua natureza, prazo e forma na construção do planejamento estratégico, uma vez que tais objetivos funcionam como alicerces para o bom direcionamento da organização e para o encaminhamento dos seus planos de negócios, além de auxiliarem na criação de indicadores de mensuração de resultados com o intuito de analisar a excelência organizacional.

Objetivos e planejamento estratégicos

Na construção do planejamento estratégico de uma organização, definir o tipo de negócio com o qual se trabalhará é um dos primeiros passos e, assim, constitui-se como ponto fundamental desse processo, pois aborda a competência distintiva, uma habilidade específica ou a área de atividade, que compreende os produtos ou serviços oferecidos ou, ainda, os mercados atendidos, que diferenciará a empresa dos demais concorrentes. Identificados o negócio, o tipo de competência e a atividade a ser desenvolvida, passa-se à segunda etapa: a estruturação da empresa com base no seu propósito de existir, associando visão, missão, crenças, valores e objetivos próprios, que serão as bases de formação da estratégia a ser criada.

A conceituação de cada componente da estratégia na empresa evidencia os caminhos que ela deseja percorrer ao longo da sua história e, por conseguinte, as metas que anseia alcançar. Nesse sentido, a **visão** corresponde à imagem idealizada que se projeta sobre um negócio, ao passo que a **missão** representa o caminho a ser trilhado com vistas a alcançar essa visão, isto é, as responsabilidades a serem assumidas para firmar a imagem projetada. As **crenças** e os **valores** se fundamentam nas práticas, nas normas e nos conceitos que se apresentam nas ações laborais diárias da organização. Por fim, Tavares (2005, p. 362) define **objetivo** como uma espécie de divisor de águas para o planejamento estratégico: "[...] refere-se aos alvos que deverão ser conquistados para transformar a visão em realidade [...]. Buscam especificar resultados em um horizonte de tempo pré-estipulado para seu cumprimento". No mercado, normalmente percebemos que as empresas que desfrutam de uma imagem pública mais positiva são também as que possuem objetivos estratégicos mais bem definidos, cultura organizacional vivenciada e consciência plena dos seus papéis institucional e social.

A definição dos objetivos estratégicos requer dinamismo entre as dimensões externa e interna da organização. O nível externo compreende a visão, a missão e o posicionamento competitivo pretendido. As possíveis perspectivas apresentadas para o estabelecimento dos objetivos podem ser atendidas de forma mais sólida de acordo com:

- consumidores ou clientes — a organização deve preocupar-se em aumentar a sua participação no mercado e manter a base atual de clientes, de modo a conquistar novos consumidores e reduzir perdas;
- investimento em inovação — produtos e processos como base para o posicionamento competitivo desejado;

- capital intelectual — conquistar e reter os maiores talentos disponíveis no mercado;
- parcerias — aperfeiçoar as relações e negociações em prol da excelência competitiva da organização;
- comunidade e meio ambiente — atender parte das demandas da comunidade e preservar o meio ambiente por meio de políticas internas.

No **nível interno**, a partir da definição dos objetivos, critérios para selecionar determinadas atividades e o momento das suas respectivas implementações deverão ser estabelecidos. A definição dos objetivos estratégicos deve ser seguida a partir do estabelecimento de parâmetros e indicadores que meçam o grau de eficiência, eficácia e efetividade com o qual eles são atingidos e, simultaneamente, para contribuir com o cumprimento da missão e da visão da empresa. Os demais objetivos devem enfatizar a utilização ou o desenvolvimento das competências distintivas com vistas a viabilizar o cumprimento dos objetivos estipulados no **nível externo**, que podem contemplar o seguinte:

- Consumidores ou clientes — o que fazer para aumentar a participação de mercado: manter a base atual de clientes, conquistar novos clientes, reduzir perdas, etc. As respostas encontram-se na dinamização do *marketing* de relacionamento por meio de melhorias do serviço pós-venda, por exemplo, ou do aumento do nível de satisfação via qualidade do atendimento, novos produtos ou serviços oferecidos, entre outras soluções.
- Investimento em inovação — quais são as oportunidades para lançar novos produtos. A análise dos atuais processos e oportunidades de mercado podem ser bons indicadores na orientação para o cumprimento desse objetivo.
- Capital intelectual — investimento no ambiente organizacional com o objetivo de convertê-lo em um ótimo espaço de trabalho, o que acontece por meio de políticas, ações motivacionais e técnicas que estimulem a conquista, o desenvolvimento e a retenção dos maiores talentos disponíveis no mercado.
- Parcerias — aperfeiçoar as relações laborais em prol da excelência competitiva da organização por intermédio do atendimento dos objetivos dos parceiros como retribuição pela sua excelência.
- Comunidade e meio ambiente — atender por meio de programas de responsabilidade social e preservação ambiental da empresa, com políticas educacionais internas e estímulo ao voluntariado por parte dos funcionários.

Essas definições se relacionam às possíveis tendências de negócios, natureza da concorrência, agressividade e agilidade mercadológica da organização. Ao definir o seu escopo de trabalho e estabelecer os seus objetivos, ela deve definir o enfoque e a ênfase nas áreas ou atividades em que ela pretende manter-se à frente, no mesmo nível ou até mesmo em desvantagem em relação à concorrência. Portanto, a organização precisa identificar o que cada segmento valoriza, como cada concorrente está posicionado em face de cada um dos seus objetivos e como pretende posicionar-se.

Fundamentados no que aprendemos até aqui, podemos notar que, no dia a dia organizacional, desde a sua criação, os objetivos estratégicos desempenharão um papel fundamental durante todo o processo, que formulará os alicerces para o desenvolvimento do planejamento estratégico. Logo, é extremamente importante que esses objetivos sejam expressos, pois somente assim sucederá a comunicação adequada em direção ao planejamento estratégico da organização.

Link

Para saber mais acerca dos objetivos estratégicos como razão de ser das organizações, acesse o *link* a seguir e leia o artigo do professor e economista suíço Raimar Richers, um dos fundadores da Escola de Administração de Empresas de São Paulo da Fundação Getúlio Vargas (EAESP/FGV).

https://goo.gl/b8hW8P

Objetivos estratégicos: natureza, prazo e forma

Para uma maior compreensão, os objetivos estratégicos podem ser classificados segundo três aspectos:

1. abrangência, ou natureza;
2. prazo;
3. forma.

Com relação à **abrangência**, podem ser gerais ou específicos. Os **objetivos gerais** se referem à organização como um todo. Nesse nível, a estipulação normalmente é tarefa da alta administração e é a partir disso que as demais áreas identificam e definem os objetivos específicos que orientarão a sua ação.

Os **objetivos específicos**, por sua vez, relacionam-se a áreas, departamentos ou projetos particulares da organização. São os responsáveis por colocar em prática os objetivos gerais, isto é, torná-los factíveis por meio de operações rotineiras e projetos.

Fique atento

Embora os objetivos específicos estejam atrelados aos departamentos ou áreas de negócios enquanto objetivos funcionais e aos projetos enquanto objetivo específico de cada um, devem estar alinhados com os objetivos gerais, uma vez que são desdobramentos deles. Esse alinhamento é essencial para que toda a organização se direcione ao mesmo horizonte, que é definido pelos seus referenciais estratégicos.

Quanto ao **prazo**, os objetivos podem ser estabelecidos para o seu cumprimento a curto, médio ou longo prazo:

- **Longo prazo** — geralmente, são os objetivos gerais da organização, situados no nível macro. Têm relação, portanto, com a busca pelo que está previsto na visão da empresa, sendo definidos pela alta administração, uma vez que se vinculam ao destino da organização.
- **Médio prazo** — são estabelecidos por intermédio do parcelamento do objetivo de longo prazo em objetivos de menor abrangência e prazos intermediários. O seu êxito ocorre em sequências menores de tempo e de atividades ou ações, ao passo que as atribuições de cada área ou projeto da organização são detalhadas. Podem ser chamados de objetivos táticos ou operacionais e devem corresponder, na sua formulação, ao papel almejado na área considerada, na busca da visão e no cumprimento da missão. Esses objetivos se desmembram em níveis subordinados para que as atribuições e contribuições de cada um tornem-se explícitas.
- **Curto prazo** — correspondem à decomposição dos objetivos de médio prazo em um conjunto de atividades a serem cumpridas em um breve espaço de tempo. O seu atendimento acontece no dia a dia da organização e, em algumas organizações, são descritos em termos de metas ou atividades. Os objetivos de curto prazo, ou metas, podem ser potencialmente estabelecidos se contarem com a participação do nível envolvido na sua execução no momento da elaboração, pois assim facilitam a adesão e o comprometimento.

No que tange à **forma**, os objetivos podem ser expressos quantitativa e qualitativamente:

- **Quantitativos** — devem estar vinculados a fatores passíveis de quantificação. É a maneira ideal de definir objetivos, visto que é possível estabelecer parâmetros mensuráveis que possibilitam avaliar o grau em que eles são ou devem ser atingidos, seja em termos físicos ou financeiros. A título de exemplificação, consideremos uma organização que pretende aumentar a participação de mercado do seu produto de 3% para 6% ou aumentar em 7% o retorno atual sobre investimento em um ano. Ao detalhar as suas metas e ações, a empresa pode se estimar de forma objetiva o seu cumprimento ou o não cumprimento dentro do prazo pré-estipulado.
- **Qualitativos** — via de regra, os objetivos qualitativos são adotados quando os alvos pretendidos vinculam-se a fatores de difícil quantificação e mensuração, uma vez que enfocam o valor agregado ao produto em detrimento da qualidade técnica, por exemplo. Outro exemplo é a situação verificada quando se pretende melhorar a imagem do produto X, sendo possível estabelecer parâmetros para a sua avaliação qualitativa, o que pode se dar em função da sua maior durabilidade ou resistência.

Link

No artigo disponível no *link* a seguir, intitulado "Planejamento estratégico e processo decisório", José Ticiano Beltrão Lapenda demonstra em detalhes a fundamentação na construção do planejamento estratégico para a organização, bem como a classificação dos seus objetivos na formatação do plano de ação da empresa.

https://goo.gl/bwZnsq

Objetivos estratégicos *versus* metas estratégicas

A administração dispõe de bases conceituais bem delineadas: planejamento, organização, controle e comando. Elas direcionam as ações da organização e a sua aplicação pode sofrer mudanças; contudo, a sua essência corporativa, que é a busca pela excelência dos resultados, permanece a mesma em distintas empresas. Frente a isso, para alcançar proveitos excelentes, o planejamento estratégico se apresenta como ferramenta de ação no momento dessa construção, quando os objetivos e as metas a serem geridos e, logo, alcançados são traçados.

É possível diferenciarmos os objetivos estratégicos das metas estratégicas, mas a nossa atenção não deve voltar-se por completa a essa tarefa, tendo em vista que o fundamental é entendermos a sua interação com vistas à eficiência organizacional. Nesse sentido, os **objetivos** podem ser compreendidos como o ponto onde se pretende chegar, ao passo que as **metas** são compostas por etapas determinadas de forma quantitativa que se dão em função de um prazo fixo. Tanto os objetivos quanto as metas são tangíveis, mensuráveis e devem atender às necessidades da organização.

Assim como a essência das metas estratégicas, os objetivos estratégicos visam propor desafios a serem alcançados por meio do planejamento estratégico, o que justifica a importância de ambos no âmbito do desenvolvimento dos negócios da empresa. Os objetivos estão associados às etapas a serem cumpridas ao longo do caminho definido pela missão e trazem uma notação quantitativa às metas desenhadas e propostas pela empresa. Eles referem-se aos alvos que deverão ser conquistados para transformar a visão em realidade e buscam especificar resultados em um horizonte de tempo pré-estabelecido.

O objetivo estratégico de uma empresa pode ser, por exemplo, tornar-se destaque e conquistar o primeiro lugar no seu ramo de atuação no mercado competitivo. Em um mundo de concorrência acirrada, as metas serão o que a empresa fará para chegar a esse posto em meio ao cenário globalizado e com incrementos inovadores de rápida ascensão em que vivemos. Para isso, ela precisará demonstrar vantagem competitiva e descrever de forma detalhada cada fase do seu processo de conquista, além de investir em recursos, *marketing*, capacitação e tecnologia. Além disso, a organização deverá dispor de um planejamento cujo foco seja atingir o patamar de primeiro lugar no seu ramo, o que exige objetivos bem comunicados, alinhados à linguagem estabelecida pela cultura organizacional.

Acerca dos objetivos estratégicos, Furlan (1997, p. 6) explicita que "[...] representam a situação futura que a organização, como uma coletividade, procura atingir [...]. Os objetivos estarão mais ou menos claros e consistentes dependendo do amadurecimento da organização em termos de sua cultura estratégica". Portanto, o objetivo corresponde ao foco, ao alvo a ser conquistado, e as metas devem ser quantitativas para que seja possível medi-las e avaliar em qual estágio (prazo) do planejamento encontram-se. Dessa forma, pode-se analisar se estão sendo atingidas e se precisam ser reavaliadas ou refeitas para que os objetivos traçados sejam, de fato, alcançados.

Peter Drucker (SWAIM, 2011) definiu alguns atributos para as metas almejadas, o que originou a sigla **SMART**:

- ***Specific* (específica)** — é preciso ser o mais específico possível no momento de definir as metas a serem alcançadas.
- ***Measurable* (mensurável)** — é preciso medir e comparar os resultados para desenhar o próximo plano de ação ou dar seguimento ao que está em execução.
- ***Attainable* (alcançável)** — é preciso ser sensato e seguir o princípio da razoabilidade no momento de definir as metas, que são construídas por meio de etapas, sendo que atingir cada uma dessas etapas com foco concentrado nos resultados desejados facilitará o desenvolvimento das ações.
- ***Relevant* (relevante)** — a meta precisa ser relevante para a organização e para todos os envolvidos no decorrer do seu processo.
- ***Time-bound* (término)** — um prazo fixo é necessário para que a meta seja atingida.

Os objetivos podem ter finalidades diferentes de acordo com cada organização. Se o objetivo for o lucro, a empresa pode montar a sua estratégia com uma combinação de fatores, como na busca de fornecedores mais acessíveis, com melhores preços e prazos de pagamentos, de modo a proporcionar um preço final mais competitivo. A consequência dessa ação é a possibilidade de crescimento do patrimônio líquido em decorrência de um maior lucro nos produtos e serviços oferecidos.

Por outro lado, se o objetivo for a manutenção da organização no mercado, com base nas ações preventivas, as estratégias traçadas serão de análise e equilíbrio frente à concorrência, de forma a avaliar constantemente o mercado para manter-se ativa e competitiva. No entanto, se o objetivo é criar ou manter um diferencial expressivo do produto ou serviço oferecido, o investimento será na imagem, seja ela popular, elitista ou inovadora, por exemplo. Assim, com prazos estabelecidos e resultados quantificáveis, os objetivos e as metas tornam o planejamento mais fácil para ser aplicado e executado.

Link

No *link* a seguir, você encontrará um artigo que descreve o planejamento estratégico como fator importante na estrutura do negócio, o que se evidencia a partir do foco em três pontos que funcionam como bases estratégicas para a formação dos objetivos estratégicos: missão, visão e valores.

https://goo.gl/EN1Adr

Objetivos estratégicos: definição e classificação | 159

Exemplo

As empresas Prominas Brasil e a Engebasa Mecânica e Usinagem Ltda. disponibilizam, nos seus respectivos *sites*, a missão, a visão, os valores, os objetivos estratégicos e as políticas internas que as regem e guiam enquanto exemplos de atuação estratégica frente ao mercado. No primeiro *link*, disponibilizamos o endereço eletrônico da Prominas; no segundo, o da Engebasa.

https://goo.gl/9JKewV

https://goo.gl/er8GTY

Exercícios

1. A definição dos objetivos estratégicos requer certa dinâmica entre as dimensões externa e interna da organização. No nível externo, em quais âmbitos de atenção estão relacionados esses objetivos?
   a) Na mensuração dos resultados em cada fase.
   b) Nos prazos, que podem ser curtos, médios ou longos.
   c) Na equipe de *marketing*.
   d) Na parametrização dos indicadores.
   e) Na visão, na missão e no posicionamento competitivo pretendido.

2. No nível interno da dinâmica de definição dos objetivos estratégicos, deve-se estabelecer critérios para selecionar as atividades que serão implementadas no planejamento estratégico. Tais critérios são definidos pelos seus indicadores para medir quais vertentes no atendimento dos objetivos?
   a) Níveis de adesão de novos fornecedores, negociação e nova rentabilidade.
   b) Níveis de eficiência, eficácia e efetividade.
   c) Níveis financeiros, relativos a prazos e de efetividade.
   d) Níveis de crescimento, alavancagem e superioridade do produto ou serviço.
   e) Níveis administrativos, processuais e de eficácia.

3. Tanto as perspectivas apresentadas para o estabelecimento dos objetivos quanto a sua utilização e o desenvolvimento de competências distintivas usadas para viabilizar o cumprimento desses objetivos visam contemplar, nos níveis interno e externo, normalmente:
   a) os proprietários e acionistas, os clientes ou consumidores, as políticas de concorrência e a manutenção dos serviços ou produtos oferecidos.
   b) os grupos de *stakeholders*, a alta direção, os clientes ou consumidores e as políticas financeiras.
   c) os grupos de suporte técnico, os grupos criativos de

marketing, a alta direção e os clientes ou consumidores.
d) os consumidores ou clientes, a inovação do produto ou serviço, o capital intelectual dos funcionários, as parcerias firmadas, a comunidade e o meio ambiente.
e) os prazos, as especificidades do portfólio de produtos ou serviços, os clientes ou consumidores e o capital intelectual dos funcionários.

4. De qual forma e com qual enfoque para a organização os objetivos estratégicos podem ser classificados quanto à natureza ou abrangência?
a) Gerais, na determinação das demandas financeiras, de investimentos nos produtos ou serviços e de inovação com vistas a ter vantagem competitiva frente à concorrência.
b) Gerais, com abrangência sobre áreas específicas da organização, principalmente os que estão diretamente relacionadas ao negócio; e específicos, relacionados aos desejos dos acionistas e da alta direção.
c) Gerais, com abrangência sobre toda a organização, sendo normalmente estipulados pela alta direção; e específicos, nas áreas que são responsáveis pelo cumprimento das atividades determinadas, que são as que operacionalizam os objetivos descritos.
d) Gerais, com abrangência sobre a qualidade, a eficácia e a eficiência do portfólio de serviços; e específicos, com atenção exclusiva ao capital intelectual e criativo da organização.
e) Gerais, com abrangência sobre as políticas de *marketing* e vendas, que capitalizam a organização; e específicos, que determinam o cumprimento das atividades determinadas de forma geral para a sua operacionalização.

5. Peter Drucker é considerado o pai da administração moderna, visto que definiu importantes atributos para que as metas sejam alcançadas de forma mais fácil durante o desenvolvimento do planejamento estratégico. Quais são esses atributos?
a) As metas devem ser específicas, mensuráveis, alcançáveis ou factíveis, relevantes e com prazo determinado.
b) As metas devem ser agressivas ou desafiadoras, mensuráveis, quantitativas e ilimitadas.
c) As metas devem ser genéricas para alcançar o maior número de clientes possíveis, incluindo os novos, além de serem mensuráveis, desafiadoras e qualitativas.
d) As metas devem contar com um viés social devido às políticas de responsabilidade social determinadas pelo governo, além de serem mensuráveis, relevantes e com prazo indeterminado.
e) As metas devem ser específicas, mensuráveis, desafiadoras, com cunho comercial forte de atuação e prazo determinado.

Referências

FURLAN, J. D. *Modelagem de negócio:* uma abordagem integrada de modelagem estratégica, funcional, de dados e a orientação a objeto. São Paulo: Makron Books, 1997.

SWAIM, R. *A estratégia segundo Drucker:* estratégias de crescimento e insights de marketing extraídos da obra de Peter Drucker. São Paulo: LTC, 2011.

TAVARES, M. C. *Gestão estratégica.* São Paulo: Atlas, 2005.

Leituras recomendadas

CECCONELO, A. R.; AJZENTAL, A. *A construção do plano de negócio.* São Paulo: Saraiva, 2008.

GRACIOSO, F. *Propaganda institucional:* nova arma estratégica da empresa. 2. ed. São Paulo: Atlas, 2006.

Objetivos estratégicos: implementação e desdobramento

Objetivos de aprendizagem

Ao final deste texto, você deve apresentar os seguintes aprendizados:

- Definir como implementar os objetivos estratégicos de forma bem-sucedida.
- Identificar os desdobramentos dos objetivos estratégicos.
- Utilizar parâmetros e indicadores (como a ferramenta gravidade, urgência e tendência [GUT]) na priorização dos objetivos estratégicos.

Introdução

Os objetivos estratégicos são criados tanto em âmbito geral quanto em âmbitos específicos, nos quais estabelecem um conjunto de premissas para a análise da viabilidade do negócio por meio da percepção da empresa e de ações diversas junto ao seu público-alvo, aos colaboradores e à comunidade. Em consonância com o mercado, metas claras e prazos para conclusão, assim como para a avaliação de cada estágio superado são determinados, de modo a apresentar a importância dos objetivos na esfera do planejamento estratégico, que é o grande tema dos nossos estudos.

Neste capítulo, estudaremos a implementação dos objetivos estratégicos voltados ao êxito na construção e no desenvolvimento do planejamento estratégico. Também verificaremos os seus desdobramentos em função do atendimento a demandas atuais e construções futuras almejadas pela organização. Por fim, aprenderemos sobre os parâmetros de indicadores aplicados aos planos de ação na priorização da resolução de problemas com vistas à excelência organizacional.

Implementação dos objetivos estratégicos

Toda organização nasce com o objetivo central de desenvolver-se e obter sucesso nas suas realizações e projetos. Para isso que isso ocorra, é seu dever refletir acerca das atitudes que serão tomadas no decorrer dos seus processos, de modo a voltar-se ao êxito de cada área envolvida até a entrega final do produto ou serviço que oferece no mercado. Nesse contexto, o **planejamento estratégico** funciona como uma espécie de mola que impulsiona as ações a serem desenvolvidas pela empresa até ela, finalmente, atingir o seu foco. Contudo, ao longo dessa trajetória, fatores específicos do negócio e do mercado são identificados e convertem-se em aspectos de suma relevância no desenvolvimento desse planejamento. Tais fatores, sejam internos ou externos, são eixos desbravadores na formulação da estratégia a ser adotada, pois são as características do tipo de negócio, serviço, comércio ou indústria, por exemplo.

Há indicações históricas de que todo fracasso de implementação é, por definição, um fracasso de formulação. Walter Kiechel (1988 p. 8), que por muito tempo escreveu a respeito de estratégias na revista norte-americana *Fortune*, chamou a atenção dos seus leitores para um estudo ao sugerir que somente 10% das estratégias formuladas são, de fato, implementadas. Tais preocupações geraram esforços consideráveis por parte dos gestores para que se facilitassem ao máximo a implementação: "gerenciar a cultura" ou "apertar os sistemas de controle" foi o que lhes disse uma geração de consultores empresariais.

O verdadeiro problema pode residir na separação entre formulação e implementação, na dissociação entre pensar e agir, escrever e fazer acontecer. Vale ressaltarmos a relevância do livro datado de 1980 de James Brian Quinn, intitulado *Strategies for Change: Logical Incrementalism*, que direcionou a alavancagem da **escola do aprendizado** e a converteu em corrente principal da Administração Estratégica (QUINN, 1980). Essa escola sugere que a formulação da estratégia foi uma ilusão, pois, embora atraente à alta direção, não correspondia ao cotidiano das organizações. A escola do aprendizado se fundamenta na descrição e adota como foco dos seus estudos a forma como as estratégias são criadas (MINTZBERG; AHLSTRAND; LAMPEL, 2010).

Os pesquisadores da abordagem do aprendizado descobriram que, quando ocorria um redirecionamento estratégico importante, ele raramente se originava de um esforço formal de planejamento e, muitas vezes, não provinha nem mesmo das salas da alta gerência. Pelo contrário, as estratégias eram consequências de uma série de pequenas ações e decisões de diversos grupos de pessoas e de áreas diferentes, algumas vezes acidentais e outras focadas na resolução de um problema específico. Tomadas em conjunto ao longo do tempo, essas pequenas alterações frequentemente produziam grandes mudanças de direção e funcionavam da forma como se propunham. Dessa forma, pessoas informadas em qualquer parte da organização contribuíam para o processo de estratégia.

> "Quem é melhor para influenciar a estratégia do que o soldado a pé na linha de fogo, o mais próximo da ação?" (Henry Mintzberg).

Quinn (1980), da Amos Tuck School of Business de Dartmouth College, pensava que os agentes centrais reuniam as suas partes e as dirigiam rumo a uma estratégia final na empresa. O autor, porém, concluiu que, embora o planejamento não descrevesse como eles formulavam as suas estratégias, o incrementalismo o fazia:

> A verdadeira estratégia tende a evoluir à medida que decisões internas e eventos externos fluem em conjunto para criar um novo e amplo consenso para ação entre os membros-chave da equipe gerencial. Nas organizações bem dirigidas e bem-sucedidas, os gerentes guiam proativamente essas correntes de ações e eventos, de forma incremental, na direção de estratégias conscientes (QUINN, 1980, p. 15).

Essa fase de incremento lógico traz prescrições fundamentais para a próxima fase de desenvolvimento estratégico, que é a **implementação**. Tais prescrições consistem em:

1. Liderar o sistema formal de informação — incentivar os gestores a formarem redes interligadas de comunicação.
2. Criar consciência organizacional — estudar, questionar, perguntar, ouvir e falar com as pessoas criativas fora dos canais comuns de decisão, de modo a gerar alternativas.
3. Construir símbolos — evidenciar mudanças para melhorar a credibilidade por intermédio de uma compreensão acessível na transmissão das mensagens passadas a toda a organização.
4. Legitimar novos pontos de vista — criar foros de debates objetivos e um grande *brainstorming* para propor novas soluções ou uma base mais eficiente de coleta de informações.
5. Buscar mudanças táticas e soluções parciais — à medida que os eventos se desenrolam, as soluções fluem.
6. Ampliar o apoio interno — criar comitês, força tarefa e escutas ativas, que tendem a ser mecanismos úteis no processo de desenvolvimento estratégico.

7. **Superar a oposição** — usar a persuasão das pessoas na direção de novos conceitos costuma neutralizar oposições e proporcionar um controle de maior qualidade.
8. **Estruturar a flexibilidade** — criar recursos para responder aos eventos que ocorrem e adequar demandas.
9. **Desenvolver um clima de comprometimento** — descrever metas e desenvolver informações acerca do que se deseja na organização.
10. **Reconhecer que a estratégia não é um processo linear** — a validade da estratégia deve residir na sua capacidade de captar a iniciativa de lidar com eventos imprevisíveis, redistribuindo e concentrando recursos e esforços à medida que novas oportunidades e novos impulsos emergem a fim de aproveitar os recursos selecionados da forma mais eficaz.

Após as prescrições incrementais, a implementação de estratégias, bem como a escolha do escopo de negócio mediante a definição do tipo de vantagem competitiva que se busca e as competências essenciais e distintivas nas quais a vantagem se assentará, podem seguir os seguintes passos:

1. Projeção dos processos internos e dos relacionamentos necessários para produzir os impactos externos desejados por intermédio da dinamização da cadeia de valores.
2. Gestão da cadeia resultante com o intuito de estabelecer vantagens competitivas sustentáveis e duráveis.

Essa implementação decorre da escolha da estratégia entendida como a mais adequada segundo a variedade de situações e contextos considerados. Ela resulta do levantamento de alternativas para apresentar aquela que for de melhor combinação entre os aspectos, como a perspectiva de melhor desempenho, os benefícios em relação aos riscos envolvidos e a adequação aos recursos organizacionais aptos a implementá-la. Essas decisões devem atender às demandas atuais (missão) e à construção do futuro (visão), tendo os seguintes pressupostos:

- o ambiente no qual a organização atuará no futuro será diferente de hoje e deverá ser direcionado pelas mudanças de hábitos dos clientes, assim como por mudanças tecnológicas, competitivas, de processos e novos produtos continuamente;
- o sucesso futuro da organização depende da forma como as mudanças serão percebidas e atendidas;

- a organização deve estabelecer um elo entre a concepção de estratégia e a sua implementação para alcançar o sucesso.

Fundamentada nesses pressupostos, a organização decide implementar duas alternativas estratégicas básicas. A primeira se refere à extensão da estratégia na continuidade do conjunto de ações orientada para os seus negócios atuais, na qual visa otimizar recursos e potencialidades, de modo a focar-se nos seus mercados atuais. A segunda alternativa estratégica se refere às inovações pretendidas face ao futuro, também chamadas de disruptivas. Essa alternativa se refere à criação ou inovação, representada pela materialização da aquisição de novas capacidades, que podem diferir entre si ao longo das dimensões-chave relacionadas aos negócios atuais e futuros da organização.

As duas formas de implementar as estratégias e os seus objetivos devem ser privilegiadas em graus distintos conforme o setor, o porte da organização e o nível de competitividade para garantir a sua existência competitiva tanto na época em que se encontra quanto em relação a oportunidades futuras. Assim, a implementação dos objetivos estratégicos materializa-se por meio do plano de ação adotado.

Link

Acesse, no *link* a seguir, um artigo acerca das dificuldades que podem ser encontradas na implementação dos objetivos estratégicos no planejamento de uma organização.

https://goo.gl/1qZYry

Desdobramento dos objetivos estratégicos

O vocábulo **desdobramento** remete ao resultado do ato de dividir, desmembrar, repartir e é exatamente que ensejamos realizar nesta seção. Isto é, desmembraremos os objetivos macros em objetivos micros com o objetivo de tornar mais efetivo o nosso entendimento acerca do planejamento estratégico como um todo.

De acordo com Maximiano (2007), o planejamento estratégico deve se desdobrar em outros planos e meios, como: áreas funcionais, políticas (coordenação de pessoas para a tomada de decisões), planos operacionais (cronogramas, normas e procedimentos internos), projetos e estrutura organizacional (organogramas).

Os desdobramentos dos objetivos estratégicos têm como proposta fundamental fazer com que toda organização participe e se engaje no trabalho a ser desenvolvido de forma alinhada para que o plano de ação se materialize em tarefas e atividades executadas harmonicamente em todas as áreas e setores da organização. Para isso, a comunicação precisa fluir claramente e valer-se de todos os canais possíveis, a passar, sobretudo, pela compreensão e pelo comprometimento dos gestores em atitudes diárias juntos aos seus funcionários.

Além da comunicação do plano de ação, a sua implementação deve ser acompanhada constantemente com vistas à devida análise do andamento das fases e reajuste quando necessário. Nesse sentido, uma ferramenta extremamente simples e prática que auxilia no desenvolvimento do plano é o que chamamos de **5W2H** (Figura 1): sete diretrizes que facilitam o entendimento de atividades, responsabilidades, prazos e eficiência do projeto a ser implementado na empresa, normalmente utilizado em projetos de baixa complexidade. Trata-se de uma metodologia baseada em perguntas e respostas essenciais voltadas à verificação rápida do projeto ou planejamento em andamento.

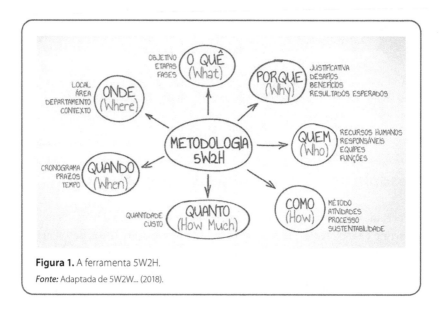

Figura 1. A ferramenta 5W2H.
Fonte: Adaptada de 5W2W... (2018).

Portanto, os cinco Ws são:

1. *What* — O que será feito?
2. *Why* — Por que será feito?
3. *Where* — Onde será feito?
4. *When* — Quando será feito?
5. *Who* — Por quem será feito?

Por sua vez, os dois Hs são:

1. *How* — Como será feito?
2. *How much* — Quanto custará (valor)?

Essa ferramenta pode ser adotada em formatos variados de acordo com o estilo de comunicação próprio da empresa. Os desdobramentos dos objetivos estratégicos podem ser redimensionados em partes menores de objetivos ou metas, contanto que mantenham o foco no envolvimento da equipe e no comprometimento de todos. Esses desdobramentos acontecem sempre de acordo com padrões de qualidade que cada empresa adota ou pelos quais recebe certificação, a depender do setor ou porte e do nível de competitividade. Contudo, todo desdobramento de metas e objetivos parte da avaliação que ocorre durante o desenvolvimento de alguma atividade, pois são definidos para serem atingidos com sucesso e superados sempre que possível.

O acompanhamento do *status* de cada atividade faz com que, com o passar do tempo, todos compreendam melhor o seu papel e a sua importância na empresa, de modo a estimular o engajamento naturalmente. Todavia, isso se dá em uma cultura organizacional voltada a resultados e cujo foco propõe-se a conquistar, ou seja, na qual a missão e a visão passam da teoria à prática diária de trabalho.

Link

Para saber mais acerca da ferramenta 5W2H, assista ao vídeo disponível no *link* a seguir.

https://goo.gl/cMrb5C

Parâmetros indicadores na priorização de objetivos

Os parâmetros são indicadores ou métricas que permitem a medição e o julgamento das ações a serem controladas em função de objetivos e metas estipuladas. A sua definição deve ocorrer no momento da elaboração dos objetivos, uma vez que indicarão a veracidade destes. Assim, tais parâmetros podem ser:

- **físicos**, como participação de mercado, quantidade de novos produtos lançados, clientes conquistados e atendimento de serviços pós-vendas;
- **monetários**, incluindo custos de matérias-primas e de serviços, bem como pessoal a ser alocado;
- **temporais**, como data-limite, duração e época.

Entretanto, nesta última seção dos nossos estudos, dedicaremos especial atenção aos parâmetros adotados na priorização da resolução de problemas nas organizações.

Dentre as ferramentas de priorização existentes, a **matriz GUT** será a mais analisada devido à sua eficácia, simplicidade, didática e utilização frequente. Também chamada de **matriz de priorização**, ela trata da análise de diversos tipos de problemas que podem existir no meio organizacional, mas os classifica conforme gravidade, urgência e tendência. Dessas variáveis, origina-se a sigla GUT, que representa a ferramenta.

Charles H. Kepner e Benjamin B. Tregoe criaram a matriz GUT como uma proposta para priorizar a resolução de problemas tanto no ambiente interno quanto no externo, mediante estratégias pontuais e tomadas de decisão. Normalmente, ela se relaciona à **matriz SWOT** por causa da análise de ambos os ambientes da empresa. A principal vantagem da matriz GUT, no entanto, é o fato de auxiliar o gestor ou gerente a avaliar de forma quantitativa os problemas de um setor ou de toda empresa, de modo a tornar possíveis as ações corretivas e preventivas para que o problema seja solucionado por completo ou, pelo menos, em parte.

Frente a isso, a primeira ação consiste em listar todos os problemas de cada área ou setor da empresa para, em seguida, compreender as principais diferenças de gravidade, urgência e tendência.

- **Gravidade:** demonstra o impacto que o problema gerará em todos os envolvidos caso aconteça. A análise fundamenta-se no efeito que será produzido a médio e a longo prazo.

- **Urgência:** demonstra o prazo, isto é, o tempo disponível para resolver determinado problema analisado. Quanto menor o tempo, mais urgente é o problema a ser resolvido. O problema pode aguardar resolução ou, então, deverá ser solucionado de imediato.
- **Tendência:** demonstra o potencial de crescimento do problema, ou seja, a propensão de que aumente com o passar do tempo. Caso não seja resolvido imediatamente, o problema piorará aos poucos ou de maneira brusca.

No planejamento estratégico, vale ressaltarmos algumas vantagens da utilização da matriz GUT:

- Pode ser utilizada por qualquer empresa, área e até mesmo no planejamento familiar.
- Auxilia na resolução dos problemas no processo de execução do planejamento estratégico devido às suas pontuações descritivas.
- Facilita uma visão abrangente dos fatos, de modo a auxiliar na tomada de decisão.
- Informa quais problemas exigem mais recursos em determinado período, o que otimiza a resolução deles.
- Reduz ou elimina os problemas mais graves.

Na matriz GUT, notas são estabelecidas com base na pontuação de 1 a 5, de forma crescente:

Gravidade:

1. Sem gravidade.
2. Pouco grave.
3. Grave.
4. Muito grave.
5. Gravíssimo.

Urgência:

1. Pode aguardar.
2. Pouco urgente.
3. Urgente.
4. Muito urgente.
5. Urgentíssimo.

Tendência:

1. Não se alterará.
2. Piorará a longo prazo.
3. Piorará a médio prazo.
4. Piorará a curto prazo.
5. Está piorando.

O resultado dessa análise define qual grau de prioridade será dado ao problema. O cálculo é realizado por meio da multiplicação dos fatores G × U × T e o resultado de maior pontuação é o de 125, ao passo que o menor é 1. Assim, haverá instrumentos para distinguir qual problema deve ser solucionado de imediato. Para cada problema descrito na tabela GUT, há uma pontuação estritamente racional. Vale lembrarmos que situações complexas recebem a nota máxima 5 e as mais simples, nota 1. A classificação dos critérios a serem adotados é muito importante para que a matriz seja bem utilizada.

Vejamos um exemplo de matriz GUT no Quadro 1.

Quadro 1. Matriz GUT

Nota	Gravidade	Urgência	Tendência
5	Gravíssimo	Urgentíssimo	Está piorando
4	Muito grave	Muito urgente	Piorará a curto prazo
3	Grave	Urgente	Piorará a médio prazo
2	Pouco grave	Pouco urgente	Piorará a longo prazo
1	Sem gravidade	Pode aguardar	Não se alterará

Por meio da matriz GUT, evidencia-se que os problemas listados e as notas mais altas atribuídas, após a multiplicação de G × U × T, deverão se configurar como as prioridades no que tange à sua resolução, pois serão as questões mais graves, urgentes e com maior tendência a piorar. Dessa forma, é evidente que a matriz GUT é uma ferramenta de grande relevância na definição das ações a serem realizadas em prol da garantia de maior assertividade, menos desgaste e maior eficácia na tomada de decisão durante o planejamento estratégico.

Objetivos estratégicos: implementação e desdobramento | 173

Link

No portal do Governo Federal, o Ministério dos Transportes, Portos e Aviação Civil disponibiliza um material que explica como funciona a matriz GUT, assim como faz o Portal da Enfermagem, o que demonstra as múltiplas aplicações dessa ferramenta independentemente da área de conhecimento. Acesse os *links* a seguir para ter acesso aos materiais.

https://goo.gl/NWzsCC

https://goo.gl/1zD3dG

Exercícios

1. Após as prescrições incrementais, a implementação de estratégias, bem como a escolha do escopo de negócio mediante a definição do tipo de vantagem competitiva que se busca e as competências essenciais e distintivas nas quais a vantagem se assentará, podem seguir, entre outros passos:
 a) a mensuração dos problemas existentes para a sua solução.
 b) a projeção dos processos internos e dos seus relacionamentos para a produção de impactos externos por intermédio da dinamização da cadeia de valores organizacionais.
 c) a formulação de novas estratégias de acordo com a nova visão implementada.
 d) a projeção da análise de concorrência atrelada a perspectivas de mercado.
 e) o posicionamento competitivo frente aos problemas internos detectados.

2. Quais são as duas formas de implementação dos objetivos estratégicos?
 a) A primeira se refere à adesão de novos fornecedores e formas de negociação e a segunda, às ações de *marketing* no enfrentamento da concorrência.
 b) A primeira se refere ao atendimento das metas determinadas e a segunda, à adesão de novos acionistas.
 c) A primeira se refere à extensão da estratégia no conjunto de ações orientado para os seus negócios atuais e a segunda, às inovações pretendidas face ao futuro.
 d) A primeira se refere à qualidade de produção e a segunda, à otimização dos recursos empreendidos para a melhoria na qualidade dos produtos.
 e) A primeira se refere ao posicionamento da marca frente à concorrência e a segunda, às campanhas de *marketing*.

3. De acordo com Maximiano (2006), o planejamento estratégico deve se desdobrar em outros planos e meios. Quais são eles?
   a) Os planos de desenvolvimento de novos produtos e de excelência nas entregas ao consumidor.
   b) Na potencialização da comunicação interna e de novas competências essenciais para a organização.
   c) Na melhoria contínua do desempenho dos produtos e na capacitação profissional dos colaboradores da empresa.
   d) Os planos de melhoria do clima organizacional e de qualidade das parcerias fechadas.
   e) Os planos operacionais e o planejamento das áreas funcionais, políticas, de projetos e de estrutura organizacional.

4. Entre as ferramentas de priorização existentes, a matriz GUT se apresenta como uma ferramenta simples, de fácil utilização e, se devidamente explorada, de alta eficácia. A qual ferramenta ela pode se relacionar e por quê?
   a) À matriz de responsabilidades devido à designação das responsabilidades organizacionais.
   b) Às soluções propagadas pelo plano de ação desenvolvido pelo 5W2H.
   c) À matriz SWOT por priorizar soluções tanto no ambiente interno quanto no externo.
   d) Ao fluxograma, dada a sua relevância para demonstrar os direcionamentos estratégicos.
   e) Ao organograma devido à sua importância organizacional na demonstração hierárquica.

5. A matriz GUT, também chamada de matriz de priorização, trata da análise dos problemas na organização, sendo classificada conforme:
   a) gravidade, urgência e tendência.
   b) metas, objetivos e visão.
   c) missão, visão e valores.
   d) metas quantitativas, metas qualitativas e visão.
   e) gravidade, urgência e totalização dos prejuízos.

Referências

5W2W: entenda o que é e aplique em nossa planilha. *Organização Agarre Seus Sucesso*, Pedro Leopoldo, MG, 14 jul. 2018. Disponível em: <http://www.agarreseusucesso.com.br/5w2h-entenda-o-que-e/>. Acesso em: 13 set. 2018.

KIECHEL, W. *Office hours:* a guide to the managerial life. Boston: Little Brown & Co., 1988.

MAXIMIANO, A. C. A. *Teoria geral da administração*. Edição compacta. São Paulo: Atlas, 2007.

MINTZBERG, H.; AHLSTRAND, B.; LAMPEL, J. *Safari da estratégia*. Porto Alegre: Bookman, 2010.

QUINN, J. B. *Strategies for change:* logical incrementalism. Homewood: Irwin, 1980. (The Irwin series in management and the behavioral sciences).

Leituras recomendadas

BAYE, M. R. *Economia de empresas e estratégias de negócios*. 6. ed. Porto Alegre: AMGH, 2010.

TAVARES, M. C. *Gestão estratégica*. São Paulo: Atlas, 2005.

UNIDADE 4

Formulação da estratégia competitiva

Objetivos de aprendizagem

Ao final deste texto, você deve apresentar os seguintes aprendizados:

- Identificar as estratégias da matriz Ansoff.
- Explicar o modelo Porter de estratégias genéricas de competição.
- Definir cadeia de valor e por que é importante para a formulação da estratégia da organização.

Introdução

A formulação da estratégia competitiva é composta por diversas ações e fases, o que inclui a escolha da ferramenta a ser utilizada no processo. Nesse sentido, dispomos da matriz Ansoff, cujo foco é a percepção das oportunidades de crescimento das unidades de negócios das empresas e que se configura como uma ferramenta que pode combinar-se a outra: a matriz SWOT (*strengths, weaknesses, opportunities and threats*) ou FOFA, em língua portuguesa. A elas, soma-se a utilização de estratégias genéricas que, na sua essência, buscam alavancar a vantagem competitiva em diferentes modelos organizacionais e mapear a necessidade de decomposição das atividades desenvolvidas por meio de relacionamentos, que fundamentam a cadeia de valor mantida pela organização.

Neste capítulo, portanto, estudaremos a formulação da estratégia competitiva no processo de construção do planejamento estratégico de uma organização por meio da adoção de três ferramentas fundamentais de análise do produto em função do mercado: matriz Ansoff, matriz SWOT e modelo proposto por Porter na aplicação das estratégias genéricas para alcançar vantagem competitiva e descrever a importância da cadeia de valor em todo o processo estratégico.

Matriz Ansoff

No decorrer do desenvolvimento inicial, as organizações estruturam os seus alicerces com a definição da sua essência, determinada por missão, visão, valores e objetivos estratégicos que guiarão futuras ações pertinentes a porte, tipo de negócio, mercado e concorrentes. Trata-se da **cultura organizacional**, que ainda se encontra em construção e que, mais tarde, evidenciará a identidade e a forma de agir da empresa nos âmbitos interno e externo. É justamente nesse momento de análise e tomada de decisões que as estratégias e ferramentas que serão usadas são definidas.

Como toda empresa tem como objetivo o crescimento, muitas se valem da matriz Ansoff por causa da sua característica analítica, que possibilita identificar de forma estratégica oportunidades de crescimento na organização. Também chamada de **matriz produto/mercado**, corresponde a um modelo em formato de quadrantes com vistas a determinar oportunidades de crescimento das unidades de negócio, sendo mais utilizada em indústrias e no comércio em geral por meio de instrumentos de fácil abordagem e levantamento de informações para qualquer tipo de organização.

Vale ressaltarmos que o próprio criador dessa matriz, o matemático norte-americano Igor Ansoff (1918–2002), primeiro diagnosticou o cenário da administração nas organizações para, a partir daí, criar a ferramenta. As organizações passaram a se preocupar com o ambiente e a forma como sucediam os seus desdobramentos internos. Ansoff (1977, p. 94) afirma:

> [...] a estratégia e os objetivos descrevem, conjuntamente, o conceito do campo de atuação da empresa. Eles especificam o volume, a área e as direções do crescimento, aos principais pontos fortes, e a meta de rentabilidade. Além disso, agora se acham enunciados em termos operacionais: de forma passível de aplicação para orientar as decisões e atitudes da administração.

As empresas que visavam sobretudo o lucro foram as que primeiro tiveram essa preocupação e, mais tarde, outras organizações também aderiram à mesma lógica. Contudo, é importante nos questionarmos acerca dos motivos que levaram as organizações da época a se preocuparem em conhecer o seu ambiente de trabalho. Encontramos a resposta para essa inquietante pergunta ao analisarmos a evolução da administração: enquanto pioneiros dessa faculdade do conhecimento, como Frederick Winslow Taylor (1856–1915), Henri Fayol (1841–1925) e Elton Mayo (1880–1949), voltavam as suas pesquisas à parte interna das organizações, o ambiente externo passava a influenciar cada vez mais as organizações. Assim, após a Segunda Guerra Mundial (1939–1945), essa tendência ficou mais evidente, pois a produtividade não significava mais o sucesso de determinada organização, mas se ela poderia ou não atender a demanda do mercado. Isso apenas ao considerar uma variável do ambiente externo: as organizações.

Ansoff (1977) define **estratégia** como um processo formulado passo a passo em um método chamado por ele de "cascata" de decisões, que se inicia com escolhas mais agregadas e encaminha-se a decisões mais específicas. O estabelecimento da estratégia deve seguir a ordem estabelecida por diagramas e os seus objetivos devem estar "[...] enunciados em termos operacionais: de uma forma passível de aplicação para orientar as decisões e atitudes da administração" (ANSOFF, 1977, p. 94). Por intermédio dessa análise, o autor percebeu um meio capaz de auxiliar as organizações no aprofundamento das suas estratégias corporativas com base na combinação de certos fatores aliados à análise SWOT. Ao unir essas ferramentas, desenvolveu a sua própria proposta de matriz.

A matriz Ansoff é uma forma de representação daquilo que o seu criador julgava que poderia aprimorar os negócios de determinada organização por meio de quatro estratégias distintas: penetração de mercado, desenvolvimento de mercado, desenvolvimento de produto e diversificação pura (MINTZBERG et al., 2006). Veja, no Quadro 1, cada uma dessas estratégias de crescimento.

Quadro 1. Estratégias de crescimento com base na matriz Ansoff

Estratégia de crescimento	Descrição
Penetração de mercado	Foco no aumento da participação de mercado com a venda dos produtos ou serviços com o intuito de adquirir regularidade de clientes até a sua fidelização.
Desenvolvimento de mercado	Foco no desenvolvimento de novos mercados para conquistar novos clientes e inserir novas marcas ou segmentos de mercado.
Desenvolvimento de produto	Foco no desenvolvimento de novos produtos ou serviços para os clientes e no investimento dos canais de comunicação e distribuição já existentes no mercado de atuação.

(Continua)

(Continuação)

Quadro 1. Estratégias de crescimento com base na matriz Ansoff

Diversificação pura	Foco no desenvolvimento de novos produtos ou serviços para novos mercados com vistas a demonstrar a todos os mercados, inclusive aos que já estão inseridos, o diferencial e o potencial desses novos produtos por meio dos seus canais de comunicação, primando pela proposta já existente da empresa para conceder credibilidade aos produtos ou serviços oferecidos.

Fonte: Adaptado de Mintzberg et al. (2006).

O desdobramento dessas quatro estratégias se faz necessário para esclarecermos o desenvolvimento da empresa em função do mercado e a análise de riscos. Dessa forma, na **estratégia de penetração de mercado**, podemos evidenciadas quatro opções de implementação que possuem riscos de menor grau para as organizações:

- Reter ou aumentar a participação de mercado — investir em publicidade, canais de comunicação e promoções para os clientes.
- Estar à frente de mercados em crescimento — inserir-se em novos nichos de mercado ou públicos-alvo.
- Posicionar-se à frente dos concorrentes — enfocar estratégias de preço mais agressivas por meio de promoções, por exemplo, com o objetivo de fidelizar os clientes.
- Acréscimo de clientes — aprimorar o produto quanto à sua utilização pelos clientes, assim como no que tange à adesão contínua e permanente deles por meio do valor agregado.

Na **estratégia de desenvolvimento de mercado**, encontramos quatro opções de implementação com riscos também de menor grau para as organizações:

- Novos planos geográficos — buscar novas regiões de amplitude negócios caso existam canais de distribuição previamente acordados e negociados.
- Novas propostas de produtos ou serviços — atualizar produto e planos de *marketing* e vendas, além de promover uma abordagem mais ampla de novos mercados.

- Novos canais de distribuição de produtos ou serviços — por exemplo, criar um endereço eletrônico específico para o *marketing*, *sites* responsivos e vendas pela internet.
- Novos mercados — apresentar um diferencial de preços com o intuito de atingir diferentes mercados.

Já na **estratégia de desenvolvimento do produto**, verificamos três opções de implementação com riscos de médio grau para as organizações:

- Pesquisa e desenvolvimento de produtos — fazer uso de novas tecnologias, insumos e atualização do portfólio para atualizá-lo ao contexto.
- Pesquisa de satisfação dos clientes — coletar informações para o aprimoramento do produto ou serviço no momento da sua entrega aos consumidores.
- Expansão da marca — ampliar e aprimorar o portfólio de produtos em categorias e segmentos distintos com o aproveitamento do referencial já existente.

Por fim, na **estratégia de diversificação do produto**, temos quatro opções de implementação, contudo apresentando riscos de maior grau para as organizações:

- Análise de riscos — avaliar todas as variáveis importantes no que diz respeito a custos e as suas consequências e impactos na implementação da estratégia.
- Acesso e disponibilização de capital de risco — verificar o capital de giro e, caso necessário, buscar investimentos externos para subsidiar a criação de novos capitais em outros setores de mercado.
- Análise de expectativas e viabilidades — analisar as viabilidades de novos investimentos e as perspectivas de ganhos ou lucro futuros.
- Análise de equilíbrio de investimentos — reunir dados suficientemente consistentes para o desenvolvimento da estratégia pela mensuração e pela avaliação dos indicadores pesquisados no mercado, junto à realidade interna, verificando impactos e resultados positivos transformados em lucro operacional.

Portanto, percebemos com nitidez que, para qualquer implementação de estratégia, exigem-se estudos fundamentados em dados e fatos objetivos e robustos em informações para que, assim, obtenha-se sucesso na sua aplicação. Daí a importância da matriz Ansoff, que fornece insumos suficientes acerca do que deve ser analisado e executado em relação ao produto existente, ao mercado e ao potencial de crescimento da organização.

Na Figura 1, você pode observar a esquematização das suas opções de crescimento estratégico propostas pela matriz Ansoff, com indicações dos seus respectivos graus de riscos de implementação, conforme aprendemos nesta seção.

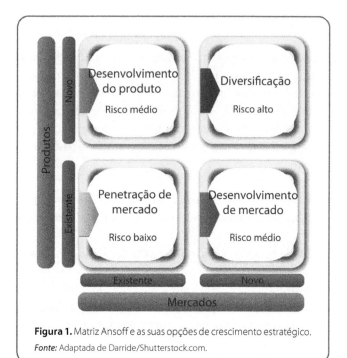

Figura 1. Matriz Ansoff e as suas opções de crescimento estratégico.
Fonte: Adaptada de Darride/Shutterstock.com.

 **Link**

No *link* a seguir, leia o artigo intitulado "Planejamento estratégico de *marketing* na prática", de Clarice de Souza Mendonça Oliveira. A autora demonstra o desenvolvimento do planejamento estratégico com base em ações e ferramentas relacionados em uma *checklist* e descreve a matriz Ansoff mediante um dos possíveis modelos de aplicação.

https://goo.gl/Y4TS7a

Modelo Porter: estratégias genéricas de competição

No que tange às estratégias na esfera corporativa, devemos direcionar total atenção ao objeto que a pautará e como ela será incorporada ao negócio. Por isso, é relevante pensarmos acerca da sua base conceitual em um primeiro momento de reflexão sobre o tema.

Mintzberg et al. (2006, p. 15) afirmam que "[...] as estratégias têm duas características comuns: são criadas antes das ações as quais vão se aplicar, e são desenvolvidas consciente e propositalmente". Na obra *The Concept of Corporate Strategy* (em tradução livre, "O conceito de estratégia corporativa"), publicado em 1971, Andrews define estratégia no contexto de negócios como "[...] um padrão de objetivos, propósitos, ou metas e os principais planos e políticas para atingir estes objetivos, declarados de tal forma que definam o que a empresa e o negócio são ou deveriam ser" (ANDREWS, 1977, p. 44). Essa abordagem nos possibilita uma definição ampla e de extrema relevância para as organizações. Porém, também podemos utilizar a estratégia, mediante certa restrição, enquanto busca deliberada de alternativas de ação para conquistar e manter a vantagem competitiva de uma empresa. Dessa maneira, podemos notar que, tanto de forma ampla quanto mais restrita, a definição da estratégia depende da determinação do ambiente de atuação da empresa e da visualização de caminhos alternativos a serem percorridos para que ela possa posicionar-se competitivamente nesse ambiente. É o que se representa por meio de um conjunto de escolhas a serem efetuadas pela organização.

A formulação de uma estratégia bem-sucedida requer uma avaliação objetiva, clara e preditiva dos ambientes interno e externo da organização. A partir do estabelecimento do escopo competitivo e das perspectivas apresentadas pelos cenários macro ambientais, devem resultar análises dos relacionamentos e do ambiente competitivo que permitam explorar oportunidades, neutralizar ou minimizar as ameaças presentes e futuras para a atuação da organização, bem como identificar e estabelecer meios para a materialização dos relacionamentos desejados. Já a implementação dessa estratégia resulta de processos, pessoas e recursos da organização, desenvolvidos para apoiar o intercâmbio aberto e frequente de informações, assim como a tomada de decisões orientadas para o estabelecimento de estratégias competitivas.

Porter volta-se às estratégias genéricas, pois defende que cada uma dessas estratégias implica qualificações e exigências diferentes para o seu sucesso, que essencialmente resulta em diferenças de modelo organizacional, padrões de investimentos e tipos diferenciados de gestão, executivos e culturas de aprendizagem. Para que os esforços resultantes de estratégias sejam bem-sucedidos, precisam ser consistentes com a natureza das mudanças ocorridas no ambiente. O sucesso requer o enfoque na alavancagem de mudanças no mercado, que mostra as demandas atuais e futuras no âmbito dos negócios. Frente a isso, as empresas devem posicionar-se e adotar uma das estratégias competitivas genéricas, de modo a optar por liderança de custos, diferenciação e enfoque ou, então, de acordo com o ambiente que enfrentarão.

Segundo as estratégias genéricas do modelo Porter, temos o seguinte:

- **Liderança de custo** — Identifica as fontes de vantagem de custo que dependem da estrutura ou porte e variam de empresa para empresa. Resulta na aplicação de um sistema de controle rígido, na minimização de despesas indiretas, na busca de economias de escala e na dedicação à curva de aprendizagem, além de inovações tecnológicas, disciplina e atenção aos detalhes. Todavia, um líder de custo também deve atentar às bases de diferenciação.
- **Diferenciação** — Acontece em termos relativos e deve ser comparada ao valor proporcionado por concorrentes para, assim, tornar-se uma vantagem competitiva de fato. Exige que a empresa escolha os atributos pelos quais diferenciará os seus produtos das ofertas dos concorrentes. Deve procurar todas as oportunidades de diferenciação que não sejam dispendiosas ou que possuam um significado que justifique a alteração que provocará nos custos. As fontes de conquistas desse tipo de vantagem são:
  - cultura organizacional em prol da inovação;
  - trabalho tanto em equipe quanto individual;
  - propensão a assumir riscos.
- **Enfoque** — A empresa opta por atuar em um ambiente competitivo restrito com duas variantes: uma base de redução no custo do seu segmento alvo, de modo a manter-se na diferenciação; ou uma diferenciação maior, de modo a manter o custo ou diminuir a variação na diferenciação por um custo inferior. A empresa pode reduzir custos até o ponto em que eles não sacrifiquem a diferenciação, pois a vantagem de diferenciação no seu segmento é a tônica para que esse tipo de estratégia obtenha êxito.

Quando a empresa se engaja em uma estratégia genérica e, entretanto, não alcança nenhuma, acaba por encontrar-se em uma espécie de "meio termo", que costuma ser manifestação da sua relutância em decidir a forma como competirá no mercado. Contudo, algumas empresas estão deliberadamente no meio termo, uma vez que não se posicionam como líderes de custo, diferenciação ou enfoque, já que optaram, de maneira consciente, por agir dessa forma. Na área de serviços, por exemplo, tal comportamento é bastante comum em hotéis de médio porte, que não almejam atingir a classificação de cinco estrelas, mas também não pretendem ser considerados albergues. Assim, trata-se de um posicionamento frente ao público-alvo que deseja justamente esse meio termo de produto ou serviço oferecido.

A adoção de uma estratégia genérica não acarreta um desempenho acima da média, a menos que seja sustentável frente aos concorrentes diretos. Nesse sentido, vantagens sustentáveis podem ser: rapidez em inovar ou acessar e adotar inovações tecnológicas, acesso privilegiado a fontes de suprimentos, acesso superior a canais de distribuição e consumidores, e conquistas de menores custos ou maior diferenciação.

A organização precisa ater-se aos seguintes passos para estabelecer estratégias genéricas:

- Foco no consumidor — atender ao que o cliente busca, isto é, traduzir as suas demandas em produtos e serviços.
- Excelência operacional — relacionar da melhor forma possível qualidade e preço.
- Cultura de inovação — buscar inovações em produtos e processos para aumentar a satisfação dos clientes no seu consumo ou uso.
- Ênfase no capital intelectual — reconhecer que o conhecimento é a mola propulsora de todos os aspectos citados e que ela se materializa nas pessoas.

Seguir esses passos auxilia a implementação da estratégia e, logo, facilita que os objetivos definidos sejam alcançados, bem como vantagem competitiva e sustentável frente à concorrência, características que se tornam predominantes nas ações da organização.

Link

No *link* a seguir, leia o artigo intitulado "A estratégia competitiva de Michel Porter", disponibilizado no Portal Administração. Ao longo do texto, descreve-se a estratégia proposta por esse teórico e explica-se a importância das três grandes estratégias competitivas genéricas.

https://goo.gl/CV6llF

Cadeia de valor e formulação da estratégia organizacional

Para contextualizarmos como a cadeia de valor é importante durante a formulação da estratégia competitiva, vale considerarmos as palavras de Tavares (2005, p. 68) acerca do planejamento:

> O conjunto previamente ordenado de ações com fim de alcançarem-se posições futuras desejadas. Compreende o envolvimento de pessoas, a alocação de recursos e procedimentos para o desempenho das ações e o estabelecimento de controle e avaliação necessários para estimar sua efetividade em relação ao que foi estabelecido. O planejamento é um processo para transformar o conhecimento em ação, com o suporte de recursos. Refere-se a uma estimativa de impacto que as ações adotadas no presente possam ter no futuro.

Com base nessa colocação e no decorrer dos nossos estudos, percebemos com clareza que, para alcançarmos um planejamento estratégico ideal, faz-se necessária uma formulação muito bem consolidada em premissas internas e externas para, assim, avaliar as implicações competitivas dos recursos e das capacidades da empresa. Isso exige que a gestão primeiro reflita sobre valor, visto que os recursos e as capacidades da empresa agregam valor, o que permite que ela explore oportunidades e/ou neutralize ameaças. Dentre as empresas que atuam assim, deparamo-nos com o exemplo da Apple, que utiliza os seus recursos tecnológicos para explorar diversas oportunidades de mercado, face à dinâmica ágil da atualidade.

Embora os recursos e as capacidades de uma empresa possam ter agregado valor no passado, mudanças no que tange a gosto e necessidades dos clientes são iminentes na estrutura do setor ou na esfera tecnológica, o que pode torná-las menos valiosas no futuro ou extingui-las caso não haja um movimento de adaptação. Assim, ao responder à pergunta sobre valor, os gestores devem associar a análise de recursos e capacidades internas à análise ambiental de oportunidades e ameaças. Os recursos das empresas não têm valor isolados; pelo contrário, possuem-no apenas quando exploram oportunidades e/ou neutralizam ameaças.

Os modelos desenvolvidos por Porter podem ser usados para isolar potenciais oportunidades e ameaças que os recursos controlados por uma empresa podem explorar ou neutralizar. O conceito de **cadeia de valor** desenvolvido pelo autor parte da suposição de que a compreensão da vantagem competitiva requer a decomposição das atividades desenvolvidas por meio dos relacionamentos mantidos pela organização. Dessa forma, uma cadeia de valor abrange os componentes acima e abaixo desses relacionamentos e decorre da constatação de que a vantagem competitiva não pode ser compreendida apenas mediante a observação da organização na sua totalidade.

Cada organização corresponde a uma sequência de atividades econômicas inter-relacionadas. A cadeia de valor e o modo de execução das atividades individuais diferenciam-se de empresa para empresa. O modo como cada atividade é executada, combinado à sua economia, determina se uma empresa possui custos altos ou baixos em relação à concorrência e, também, a sua contribuição para as necessidades do comprador; logo, para o seu valor e diferenciação. Esses dois aspectos refletem histórias, habilidades pessoais, sucesso na implementação de estratégias e a economia básica das atividades nas quais a organização está inserida. Portanto, as diferenças entre as cadeias de valor e organizações concorrentes são fontes básicas de vantagens competitivas.

Valor corresponde ao montante que os compradores estão dispostos a pagar por aquilo que uma organização fornece e é medido pela receita total, que resulta do preço que o produto alcança e da quantidade que a empresa é capaz de vender. Assim, uma empresa é rentável se o valor alcançado pelo produto ultrapassa os custos envolvidos na criação. As atividades de valor são atividades físicas e tecnologicamente distintas por meio das quais uma empresa adiciona valor aos seus produtos, o que pode proporcionar rivalidade entre concorrentes, conforme cita Porter (1986, p. 34): "A rivalidade ocorre porque um ou mais concorrentes sentem-se pressionados ou percebem a possibilidade de melhorar sua posição". Esses concorrentes valem-se dessa estratégia com uma abordagem mais agressiva e competitiva.

A cadeia de valor se refere a atividades externas e internas, mas vale ressaltarmos a importância da integração interna nessa abordagem, pois ela gira em torno de projeto de produção, processo, *marketing*, vendas e serviço apresentado ao cliente. Existem pelo menos três maneiras como a integração interna pode fortalecer a cadeia de valor da empresa:

1. Melhorar a qualidade dos produtos e serviços entregues e reduzir os custos do processo.
2. Reduzir o ciclo de operações ou de tempo na entrega do produto ou serviço ao consumidor.
3. Reduzir o tempo necessário para o desenvolvimento de novos produtos, desde o conceito até a comercialização.

A **integração interna** também diz respeito à associação da cadeia de valor da empresa com a cadeia de valor de fornecedores, *stakeholders*, outros parceiros de negócios e clientes. Atentemos ao fato de que a cadeia de valor não é uma coleção de atividades independentes, senão um sistema de atividades interdependentes que formam elos que podem resultar em vantagem competitiva de duas maneiras: otimização e coordenação. Os elos, por seu turno, refletem *trade-offs* (escolhas e estratégias perde e ganha) entre atividades para obter o melhor resultado global, de modo que a forma como cada atividade de valor afeta ou é afetada por outras exige informações ou fluxos de informações que viabilizem a sua otimização e coordenação. Daí a relevância no percurso de formulação da estratégia organizacional e na compreensão da cadeia de valor enquanto instrumento de vantagem competitiva no processo de desenvolvimento do planejamento estratégico.

Link

No *link* a seguir, leia o artigo intitulado "As forças competitivas, as estratégias genéricas e a cadeia de valor de Michael Porter", de Maurício Gabriel de Oliveira, que reflete acerca da obra do autor que estudamos ao longo deste capítulo e da importância de uma estratégia bem definida e fundamentada na cadeia de valor nas organizações.

https://goo.gl/rtCb6W

Exercícios

1. Na década de 1950, Ansoff percebeu que as organizações passaram a se preocupar com o ambiente de trabalho e com a aplicação da matriz SWOT na análise organizacional. A partir dessa observação, o autor propôs quatro estratégias para compatibilizar as variáveis SWOT com os objetivos voltados ao crescimento da organização. Quais são essas propostas estratégicas?

a) Cultura de inovação, diversificação do produto, excelência operacional e investimento no capital intelectual interno.

b) Eficiência, eficácia, efetividade e diversificação do produto.

c) Penetração e desenvolvimento de mercado, bem como desenvolvimento e diversificação do produto.

d) Perspectivas de mercado, eficiência, eficácia e diversificação do produto.

e) Posicionamento competitivo, perspectivas de mercado, diversificação do produto e efetividade.

2. No que tange à estratégia de diversificação do produto no processo de formulação da estratégia competitiva, podem ser evidenciadas quatro opções de implementação, com riscos de maior grau para as organizações. Quais são essas opções?

a) Análise de expansão da marca, de novos planos geográficos, de novos canais de distribuição do produto e, por fim, de riscos.
b) Análise de riscos, de viabilidade e de equilíbrio de investimentos, bem como acesso ao capital de risco.
c) Análise do posicionamento de mercado, de pesquisa e desenvolvimento de novos produtos, de riscos e, por fim, de viabilidade.
d) Análise de novos mercados, de posicionamento de mercado, de viabilidade e, por fim, de equilíbrio dos investimentos.
e) Acesso ao capital de risco e análise de expansão da marca, de novos mercados e, por fim, de riscos.

3. Porter se interessa pelas estratégias genéricas, pois defende que cada uma dessas estratégias implica qualificações e exigências diferentes para o seu sucesso na organização. Com base nesse entendimento, quais são os fundamentos das estratégias genéricas a serem trabalhadas no desenvolvimento da formulação estratégica?

a) Eficiência operacional, diversificação do produto e posicionamento competitivo.
b) Novas competências essenciais para a organização, foco no cliente e diversificação do produto.
c) Diversificação do produto, diferenciação e excelência operacional.
d) Liderança de custo, posicionamento da marca e excelência operacional.
e) Liderança de custo, diferenciação e enfoque competitivo.

4. O conceito de cadeia de valor desenvolvido por Porter parte da suposição de que a compreensão da vantagem competitiva requer a decomposição das atividades desenvolvidas por meio dos relacionamentos mantidos pela organização. Assim, a integração interna torna-se o principal eixo para que a cadeia se desenvolva e obtenha êxito. Quais são as três maneiras pelas quais a integração interna pode fortalecer a cadeia de valor de uma organização?

a) Liberdade de criação de novos produtos, eficiência exclusivamente financeira e melhoria contínua dos preços frente aos concorrentes.
b) Melhoria contínua dos processos administrativos, novas propostas arrojadas de *marketing* e vendas dos produtos ou serviços e redução da burocracia na venda final.
c) Melhoria contínua dos preços frente aos concorrentes, investimento tecnológico e redução dos erros de operação.
d) Melhoria contínua da qualidade dos produtos e serviços, otimização do ciclo de operações ou de tempo para a entrega do produto e redução do

tempo para o desenvolvimento de novos produtos.
e) Hierarquia administrativa flexível, melhoria contínua do produto e investimento tecnológico.

5. Quais são as duas formas que criam elos na organização por meio de um sistema de atividades interdependentes que compõem a cadeia de valor e podem resultar em vantagem competitiva?
a) Otimização e coordenação.
b) Metas e objetivos estratégicos.
c) Missão e visão de futuro.
d) Metas quantitativas e qualitativas.
e) Otimização e visão de futuro.

Referências

ANDREWS, K. R. *The concept of corporate strategy*. Motor City: Thrift Books, 1977.

ANSOFF, H. I. *Estratégias empresariais*. São Paulo: Mc GrawHill, 1977.

MINTZBERG, H. et al. *O processo da estratégia:* conceitos, contexto e casos selecionados. 4. ed. Porto Alegre: Bookman, 2006.

PORTER, M. E. *Estratégia competitiva:* técnica para análise de indústrias e da concorrência. 7. ed. Rio de Janeiro: Campus, 1986.

TAVARES, M. C. *Gestão estratégica*. São Paulo: Atlas, 2005.

Leitura recomendada

MINTZBERG, H.; AHLSTRAND, B.; LAMPEL, J. *Safari de estratégia:* um roteiro pela selva do planejamento estratégico. Porto Alegre: Bookman, 2010.

Implementação e controle da estratégia

Objetivos de aprendizagem

Ao final deste texto, você deve apresentar os seguintes aprendizados:

- Explicar o que é plano de ação e a ferramenta 5W2H.
- Definir indicadores-chave de desempenho e por que são úteis para medir o desdobramento das estratégias.
- Analisar as quatro perspectivas padrão do *balanced scorecard*.

Introdução

A implementação e o controle da estratégia integram o processo de estruturação do planejamento estratégico e configuram-se como um nível de desenvolvimento que merece especial atenção, pois corresponde ao momento em que o plano de ação e as ferramentas — como 5W2H e *balanced scorecard* (BSC) — a serem adotados pela empresa são definidos. Da mesma maneira, os indicadores-chave de desempenho para avaliação do percurso da prática das atividades executadas e dos seus respectivos resultados na organização fazem-se presentes e auxiliam a reflexão da empresa acerca de si mesma como um todo, conforme estudaremos mais detalhadamente ao longo deste capítulo.

Neste capítulo, estudaremos a implementação e o controle da estratégia visando à melhor compreensão possível de todos os envolvidos na organização, desde a descrição do plano de ação até a escolha da ferramenta a ser utilizada, a determinação de indicadores-chave de desempenho para o acompanhamento das fases de todo o processo de implementação e a análise das perspectivas do BSC.

Plano de ação e 5W2H

No processo de estruturação das atividades a serem desenvolvidas por uma organização, o planejamento estratégico é o eixo que relaciona todas as áreas que permeiam um objetivo comum: a **consolidação corporativa**, para o qual se apresenta uma gama de possibilidades e caminhos que podem ser percorridos. Assim, ao longo do desenvolvimento desse planejamento, descrevem-se e encaminham-se várias fases e estágios da construção e da estruturação da empresa, período em que se implementam e determinam-se os controles do desdobramento do plano de ação a ser aplicado, somado à estratégia escolhida.

Vale ressaltarmos o que Mintzberg, Ahlstrand e Lampel (2010) citam nas premissas da escola do planejamento: as estratégias devem resultar de um processo controlado e consciente de planejamento formal, sendo realizadas de forma individual, ou seja, por etapas, delineadas por *checklists* e apoiadas por técnicas. Fundamentados nessa premissa, compreendemos que o planejamento formal pertence à implementação da estratégia, não à sua formulação.

De acordo com Mintzberg, Ahlstrand e Lampel (2010), a **escola do planejamento** se apoia em três premissas básicas:

- As estratégias resultam de um planejamento formal e delineiam-se em etapas distintas, que são apoiadas por *checklists* e técnicas.
- O executivo principal é o responsável pela execução de todo processo de planejamento.
- Depois de fixadas, as estratégias devem ser explicitadas para que, assim, possam ser implementadas.

Embora diversos modelos e técnicas tenham sido desenvolvidos com perspectivas simples ou complexas para amenizar todo e qualquer fator externo, percebe-se um avanço referente às premissas, com ênfase na aplicabilidade, como nos casos de planejamento de cenários, opções reais e controle estratégico, segundo afirmam Mintzberg, Ahlstrand e Lampel (2010). Dessa maneira, tais ferramentas se tornam mais comuns às organizações na construção dos seus próprios cenários, uma vez que permitem visualizar o estado atual e as possibilidades futuras da empresa. A partir delas, é possível refletir acerca da estratégia mais apropriada para dado negócio e porte da empresa, o que serve para fundamentar as decisões da organização frente ao mercado, bem como o método e o plano de ação a serem executados para alcançar objetivos ou resultados específicos previamente definidos.

O desenvolvimento do método se relaciona de modo direto ao plano de ação que acompanha todo o desenrolar das atividades desenhadas no planejamento como um todo com vistas a atingir o sucesso esperado. Na aplicação do plano de ação da empresa, utilizam-se algumas ferramentas, que variam de organização para organização e adéquam-se melhor quando estão em concordância com a proposta de trabalho a ser desenvolvido e amparado, pois o plano é uma metodologia de escolha para alavancar a eficiência da organização em busca de práticas mais eficazes que direcionem à excelência. Por isso, é normalmente o gestor que decide acerca da aplicação de um ou de outro plano de ação em cada empresa.

Nesse sentido, um dos métodos mais populares nos planos de ação das empresas é o modelo japonês referenciado pela sigla 5W2H, que apresenta com muita clareza e simplicidade os passos a serem seguidos no decorrer do desenvolvimento para facilitar o planejamento e, assim, proporcionar melhorias contínuas nos resultados organizacionais.

O que significa 5W2H?

Esse método consiste em responder perguntas direcionadas a mapear informações necessárias para que um projeto ou plano alcance êxito e não seja interrompido durante o seu andamento, de modo a proporcionar uma leitura objetiva dele e das suas responsabilidades.

A sigla que designa o método (5W2H) se origina dos termos em língua inglesa que indagam acerca de etapas, justificativas, responsabilidade, local, momento, método e custos envolvidos na proposta em questão. Trata-se dos seguintes questionamentos:

- *What?* — O que será feito? (etapas)
- *Why?* — Por que será feito? (justificativas)
- *Who?* — Por quem será feito? (responsabilidade)
- *Where?* — Onde será feito? (local)
- *When?* — Quando será feito? (momento)
- *How?* — Como será feito? (método)
- *How much?* — Quanto custará para fazer? (custo)

Os gestores desempenham uma atuação de suma importância na determinação de todo o escopo de aplicação do 5W2H, pois definem, sozinhos ou de forma colaborativa, os papéis a serem desempenhados no decorrer do desenvolvimento ao responderem as perguntas que mencionamos antes: quem fará o que, por que o fará e quais serão as consequências disso, quem cumprirá cada tarefa, em qual lugar tudo isso acontecerá, quais serão os prazos para cada atividade, como a tarefa será realizada. A depender de cada projeto, também interessa definir quanto ele custará, aspecto que pode ser estimado por meio de um valor financeiro ou pelo número de horas trabalhadas.

O gestor e a sua equipe podem elaborar um cronograma das atividades a serem executadas e, a partir dele, explicar as justificativas para a existência de cada etapa e as respectivas finalidades. Essa postura demonstra transparência e clareza a todos os envolvidos, o que acarreta direcionamento e foco para o colaborador, além da premissa de poder acompanhar os resultados no percurso de todo o processo de trabalho.

A importância da ferramenta 5W2H reside no alinhamento entre membros da equipe e gestores e na visualização dos resultados implementados, de modo a reduzir a ociosidade, a baixa produtividade, bem como promover a agilidade e ajustar os prazos à realidade em função da eficiência. Essa ferramenta pode ser elaborada em formato de planilha, que é bastante prático e simples na sua montagem e na visualização geral do estado da organização. Dessa maneira, na contemporaneidade, momento em que muito pesquisamos métodos ágeis e velocidade cada vez maior no acesso a informações, uma simples planilha traz inúmeros benefícios desde que seja desenvolvida de forma adequada e com a clareza e objetividade imbuídas. Todavia, também é necessário atentar às etapas desse método: início, planejamento, execução, monitoramento e encerramento.

No **início**, o gestor deve analisar todo o projeto, identificar possíveis dificuldades na execução das atividades e manter, de forma preventiva, em *standby* propostas substitutivas ou possibilidades de ajustes. Ele também deve definir prazos e custos para cada atividade, em práticas que se mostram como modo pró-ativo de agir segundo aquilo a que se propôs. No **planejamento**, o cronograma do andamento do projeto ou plano e os responsáveis por cada uma das suas fases são definidos. A seguir, na etapa de **execução**, a atenção precisa ser redobrada, pois é o momento em que tudo acontece, o que exige uma postura comprometida, que busque eficiência e cumprimento dos prazos, por parte de todos os envolvidos. Já no **monitoramento**, o gestor deve acompanhar os níveis de produtividade e eficácia em todas as fases do projeto ou plano, conforme determinado no cronograma elaborado no planejamento, o que significa agir rápido na solução dos problemas identificados, reajustando soluções e apresentando novas propostas. Por fim, o **encerramento** corresponde à fase em que tudo já foi realizado e os resultados são apresentados aos envolvidos.

Com base nessa abordagem, podemos concluir que o plano de ação é um instrumento muito eficaz em todo processo de organização do trabalho, pois evidencia as várias etapas e fases que compõem o planejamento organizacional. Assim, no decorrer da sua implementação, demonstra-se a necessidade de avaliação contínua e do devido *feedback*, que detalham e discriminam o que deve ser executado, o que é executado de fato e aquilo que se deseja atingir, de modo a providenciar respostas mais ágeis e consistentes devido às análises realizadas no percurso do desenvolvimento do plano de ação. Por isso, na construção desse plano, determinadas palavras e ações não podem ser esquecidas, pois são elas que direcionam o propósito que justifica a formação: se o plano de ação se encontra em sinergia com a estratégia e os objetivos centrais da empresa, se foi compreendido por todos, etc. Dessa forma, no momento da sua implementação, a colaboração deve ser quase automática, com o movimento de todos os envolvidos em prol do sucesso organizacional.

Link

No *link* a seguir, leia "Plano de Ação: a estratégia transformada em prática", de Rômulo Campos, que demonstra a importância do planejamento no âmbito das empresas enquanto uma estratégia para o avanço organizacional.

https://goo.gl/qew5Go

Indicadores-chave de desempenho e desdobramento das estratégias

Nos processos de desenvolvimento e implementação do planejamento organizacional, alguns cuidados fazem-se necessários e um deles é, justamente, o controle de cada uma das fases pelas quais o planejamento passa para, assim, proporcionar uma avaliação mais apurada do estado atual da empresa. Esse controle é definido pelos indicadores escolhidos para o tipo de negócio, empresa ou porte em questão.

Tavares (2010) entende o controle como um instrumento para verificar se o previsto na teoria ocorre na prática, o que constitui um conjunto de indicadores que permite constatar se há discrepância entre as situações. Segundo o entendimento do autor, a avaliação sem o respectivo controle não é de grande valia. Kaplan e Norton (1997), por sua vez, defendem que os gestores buscam aplicar um sistema de controle gerencial para monitorar a aquisição e a utilização de recursos de acordo com o plano estratégico. Para isso, a estratégia precisa estar bem alinhada a todos as áreas internas e, caso necessário, deve ser modifica com o intuito de adequar-se às novas realidades, sejam elas relativas ao mercado ou à esfera socioeconômica.

O sucesso de uma estratégia de mudança depende de como ela é introduzida e implementada, de maneira que não se trata de um mérito essencial dela. O sucesso no desenvolvimento e na utilização de indicadores-chave de desempenho no trabalho é determinado pela presença ou pela ausência de quatro peças fundamentais:

- parceria com equipe operacional, sindicatos, principais fornecedores e clientes;
- transferência de poder para a linha de frente da empresa;
- integração de atividades de mensuração, relatórios e melhorias de desempenho;
- conexão entre as medidas de desempenho e a estratégia.

Os indicadores-chave de desempenho (em língua inglesa, *key performance indicators*, ou KPIs) são ferramentas de gestão que servem para medir e verificar o nível de desempenho e os resultados cruciais para o sucesso atual e futuro de uma organização em termos tático, operacional e estratégico. Esses indicadores-chave primam pela simplicidade e compreensão coletiva no que tange ao juízo de valor do caminho percorrido enquanto correto ou não de acordo com objetivos, missão e visão compartilhados. Tais indicadores podem ser qualitativos ou quantitativos, conforme a necessidade de cada empresa, e a métrica implementada concentra-se nos pontos fundamentais que precisam ser medidos. Nesse sentido, se a métrica aferida acarreta resultados substanciais, pode tornar-se um indicador-chave de desempenho, pois tais resultados voltam-se à técnica, além de proporcionarem, exclusivamente, subsídios suficientes para que se tome a melhor decisão na busca dos resultados mais positivos possíveis. Portanto, trata-se de um instrumento de comunicação entre a gestão e os colaboradores por meio da apresentação dos resultados alcançados pelo desempenho evidenciado ao longo de um período pré-definido. Nesse ponto, vale consultarmos o que Peter Drucker sempre afirmou: "[...] O que pode ser medido pode ser melhorado" (SWAIM, 2011, p. 13).

Nos primórdios da sua implementação no meio organizacional, os indicadores-chave de desempenho foram muito utilizados como ferramentas para elevar a qualidade dos produtos e serviços, tendo em vista o seu potencial de normatizações das atividades laborais por intermédio do estabelecimento de objetivos específicos. Ademais, auxiliaram na determinação de percursos ou prazos para atingir-se um valor ou uma meta e delimitaram que a avaliação se realizasse mediante o respaldo de critérios descritivos, claros a todos os envolvidos, contudo com enfoque de maior precisão para os gestores e demais responsáveis pelas decisões centrais da empresa. Enquanto ferramenta de melhoria da qualidade de toda a organização, o que inclui o produto ou o serviço entregado aos clientes no mercado, os seus critérios metodológicos precisam ser claros e bem definidos para cada área envolvida, além de estarem interligados à meta desejada. Assim, durante a criação de tais indicadores, alguns pontos merecem especial atenção:

- Demonstrar os avanços e as conquistas de cada área em que o indicador-chave foi implementado e, também, em relação à totalidade do negócio da empresa por meio da avaliação constante.
- Desenvolver um modelo ou manual de orientação para a padronização dos processos.
- Determinar limites e prazos para a aferição de resultados negativos, além de dispor de um plano de contingência imediato a ser aplicado de forma pontual sempre que necessário.
- Manter as equipes bem informadas e atualizadas acerca dos processos desenvolvidos e dos respectivos resultados a cada fase, bem como acerca das providências a serem tomadas frente a possíveis variáveis.
- Prover os gestores de novidades e demais informações relevantes frente ao mercado, de forma que estejam aptos a analisar novas tendências, não apenas os dados já existentes.
- Estimular toda a organização a criar um ambiente com cultura de dono, em que todos estejam envolvidos nos processos e compreendam a necessidade de melhoria contínua da organização.

Uma vez incentivada essa postura, os indicadores de desempenho convertem-se em ferramentas agregadoras de resultados para todos e contribuem com o andamento da estratégia organizacional, visto que apresentam melhorias gradativas. Dessa forma, são capazes de potencializar todas as áreas por intermédio dos seguintes tipos de indicadores:

- **Eficiência** — indicadores que possibilitam medir os resultados e perceber a otimização dos recursos investidos por meio dos resultados alcançados.
- **Eficácia** — indicadores cujo foco é o produto ou o serviço oferecido pela empresa e que evidenciam os pontos a serem otimizados para alcançar-se os melhores aproveitamento e lucro possíveis.

- **Capacidade** — indicadores que revelam de forma quantitativa o resultado esperado pela empresa ao longo de determinado período.
- **Produtividade** — indicadores que demonstram os resultados das atividades desenvolvidas ou a quantidade de recursos empregados em um período para a devida avaliação.
- **Qualidade** — indicadores que manifestam com excelência a forma como o produto é apresentado para o público ou para um cliente específico.
- **Lucratividade** — indicadores que ilustram os percentuais de lucro em relação às vendas totais realizadas e que podem basear-se, por exemplo, na seguinte fórmula:

$$\text{Lucratividade} = (\text{lucro líquido}/\text{receita bruta}) \times 100$$

Esses são apenas alguns modelos de indicadores que podem ser criados para facilitar a visualização e, por conseguinte, a percepção do quadro geral da empresa frente ao objetivo de alcançar melhores resultados, respaldados em dados e fatos consistentes acerca do seu desempenho. Eles correspondem a uma avaliação sólida e realista do trabalho realizado, que deve somar-se a iniciativas, atitudes e ações que contribuam para o atendimento e a superação das expectativas dos clientes quanto à mensagem veiculada e pregada pela empresa.

A escolha e a posterior implementação de um indicador-chave de desempenho precisa ser inteligente, a mais assertiva possível no que tange à análise das áreas e dos processos que exercem maior impacto no objetivo que a empresa deseja alcançar. Com isso, podemos identificar dois tipos de indicadores de desempenho: os primários e os secundários. Os primários mensuram os resultados para demonstrar, com dados objetivos, se a estratégia adotada atingiu o resultado esperado ou não. Já os secundários mensuram os resultados dos setores ou das áreas da empresa para a verificação aprimorada dos setores ou das áreas com melhores resultados em relação a outros, de acordo com a especificidade e a importância de cada um para a estratégia adotada.

Link

No *link* a seguir, leia "Indicadores-chave de desempenho", de Nelson Nascimento, que descreve o conceito desses indicadores e ensina como aplicá-los de forma eficaz na tomada de decisões empresariais.

https://goo.gl/nUKQKD

Perspectivas do *balanced scorecard*

Kaplan e Norton (2004) conceituam o BSC como uma ferramenta completa que traduz a visão, a missão e as estratégias da empresa em um conjunto coerente de medidas de desempenho representado por um sistema de medição que contempla todos os objetivos da organização, não apenas os financeiros. Portanto, deve materializar tais elementos em objetivos e medidas tangíveis. Os autores acrescentam que muitas empresas não atingem os resultados esperados porque o verdadeiro problema não é a má formulação da estratégia, mas, sim, falhas de implementação.

Kaplan e Norton (1997) ressaltam que empresas inovadoras adotam a filosofia do BSC para viabilizar processos gerenciais críticos:

- estabelecer e traduzir a visão estratégia;
- comunicar e associar objetivos e medidas estratégicas;
- planejar, estabelecer metas e alinhar iniciativas estratégicas;
- melhorar o *feedback* e o aprendizado estratégico.

Em plena era da informação, o BSC é compreendido como um sistema de gestão pelos executivos, pois preenche uma lacuna existente na maioria dos sistemas gerenciais: a falta de processos sistemáticos para a implementação e a obtenção de *feedback* acerca das estratégias organizacionais. Os processos gerenciais formulados a partir desse método asseguram que a organização se mantenha alinhada às suas bases e focada na implementação da estratégia de longo prazo, de maneira que se constitui como ferramenta essencial na busca pelo equilíbrio das ações da empresa. Nesse ponto, é importante retomarmos Kaplan e Norton (1997, p. 21), ao enfatizarem que medir é importante para toda e qualquer organização: "[...] o que não é medido não e gerenciado".

O BSC é uma ferramenta que não considera apenas indicadores financeiros oriundos da estratégia da organização, tendo como diferencial a capacidade de traduzir a visão e a estratégia da empresa por meio de indicadores de desempenho originários de objetivos estratégicos e metas que interagem em meio a uma estrutura lógica de causa e efeito, o que proporciona subsídios suficientes para a melhoria contínua dos resultados. Mais do que uma ferramenta de mensuração de desempenho, transpõe a estratégia e comunica o desempenho segundo quatro perspectivas: a financeira, a dos clientes, a dos processos internos e a do aprendizado e crescimento.

Com o desdobramento dos estudos e da aplicabilidade das quatro perspectivas do BSC na utilização estratégica das empresas, podemos notar o cuidado necessário em relação ao equilíbrio dos objetivos de curto e longo prazo, aos resultados desejados, aos vetores de desempenho, às medidas objetivas concretas e às medidas subjetivas, mais imprecisas. Assim, atentar às perspectivas traçadas por Kaplan e Norton permite compreender melhor o desenvolvimento organizacional. Vejamos cada uma dessas quatro perspectivas padrão a seguir:

1. **Perspectiva financeira** — demonstra se a execução da estratégia agrega valor aos resultados financeiros, ao lucro líquido, ao retorno sobre o investimento, à criação de valor econômico e à geração de caixa. Nesse contexto, a organização procura responder a um diagnóstico prévio acerca do modo como é percebida por indivíduos ou interessados nos seus resultados (*stakeholders*, sobretudo acionistas).
2. **Perspectiva dos clientes** — avalia se a proposta de valor da empresa para os clientes reflete os resultados esperados em termos da satisfação, conquista, retenção e lucratividade. Trata-se da forma como os clientes veem a empresa e a preocupação centra-se em fatores internos, como, por exemplo, tempo de atendimento, qualidade dos produtos e dos serviços inovadores, desempenho e custos. É necessário converter essas preocupações em indicadores específicos para que sejam medidos e avaliados quanta à resposta solicitada.
3. **Perspectiva dos processos internos** — identifica os processos internos nos quais a empresa deve alcançar excelência e verifica se contribuem para a geração de valor percebido pelos clientes. Pode-se identificar no que é preciso investir em excelência, por exemplo, de modo que a preocupação essencial consiste em determinar os aspectos a serem superados. No entanto, deve medir o que a empresa precisa realizar no âmbito interno para satisfazer e, sempre que possível, superar as necessidades e as expectativas dos clientes para também promover vantagem competitiva frente aos concorrentes.
4. **Perspectiva de inovação e aprendizado** — identifica a infraestrutura que a empresa deve ter para gerar crescimento e melhorias a longo prazo. Deve constatar se o capital intelectual interno está propenso à aprendizagem, à obtenção de novos conhecimentos e ao domínio de competências individuais e coletivas, que são a base de sustentação das demais perspectivas.

Uma cultura organizacional capaz de atingir essa dinâmica de desenvolvimento torna mais fácil alcançar o resultado almejado. Dessa forma, faz-se preciso inovar e aumentar a capacidade de agregar valor à eficiência operacional. Logo, o BSC deve explicitar toda a dinâmica da estratégia da unidade de negócios por meio da integração das medidas de resultados com os vetores de desempenho das diversas relações de causa e efeito, pois elas evidenciam as ações necessárias para a alavancagem daquilo que se espera alcançar.

As medidas de resultados são indicadores de ocorrência que mostram o que já aconteceu e se as iniciativas de curto prazo geraram os resultados desejáveis. Já as medidas dos vetores de desempenho são os indicadores de tendência, que representam o progresso de fatores chave que podem afetar a implementação da estratégia, ou seja, alertam a empresa para o que deve ser feito na atualidade para criar valor no futuro. Assim, o BSC consagra-se como uma ferramenta de uso frequente por parte de grandes executivos, posto que aborda o viés estratégico presente no processo empresarial.

Exemplo

No *link* a seguir, leia o trabalho apresentado no XXXV Encontro Nacional de Engenharia de Produção, que ocorreu em Fortaleza (CE) entre os dias 13 e 16 de outubro de 2015. O exemplo apresentado pelos estudantes evidencia como a atenção na elaboração e na implementação do plano de ação possibilita certo aumento na qualidade da coleta de dados dos indicadores de desempenho, que são de extrema valia às empresas.

https://goo.gl/rU6YaC

Outro caso é o da implementação do plano de ação no Hospital Geral de Bonsucesso, no Rio de Janeiro (RJ), com vistas à implantação de soluções operacionais a partir da análise conjunto dos indicadores e das perspectivas.

https://goo.gl/CxFeFH

Exercícios

1. Para compreendermos o processo de implementação e controle estratégico no âmbito empresarial, vale ressaltarmos o que Mintzberg, Ahlstrand e Lampel (2010) declaram acerca da escola do planejamento, que se apoia em três premissas básicas. Quais são essas premissas?
   a) Estratégias voltadas à cultura de dono, à inovação, à excelência operacional e ao investimento no capital intelectual interno para oferecer serviços de maior qualidade aos clientes da organização.
   b) Estratégias subdivididas em etapas baseadas em *checklists* e técnicas próprias, atuação profissional do gestor ou líder responsável pela execução de todo o planejamento e comunicação de forma clara e explícita para a implementação das estratégias.
   c) Estratégias de penetração e desenvolvimento de mercado, bem como desenvolvimento e diversificação do produto para aumentar o portfólio da empresa.
   d) Estratégias de perspectivas de mercado, eficiência, eficácia e efetividade do exercício profissional dentro da empresa.
   e) Estratégias de posicionamento competitivo, discriminação de diferencial e vantagens competitivas para alavancagem das vendas e do desenvolvimento organizacional.

2. Qual é o método ou a ferramenta de qualidade que pode ser adotado no processo de implementação e controle estratégico no sentido de subsidiar informações necessárias para que um projeto ou plano encontre êxito e não seja interrompido no decorrer do seu andamento, de modo a proporcionar uma leitura clara dele e das suas responsabilidades?
   a) Espinha de peixe.
   b) Matriz SWOT.
   c) BSC.
   d) 5W2H.
   e) Matriz GUT.

3. O sucesso no desenvolvimento e na utilização de indicadores-chave de desempenho nos ambientes de trabalho é determinado pela presença ou pela ausência de quatro peças fundamentais. Quais são essas peças?
   a) Parceria com a equipe operacional, posicionamento competitivo, centralização do poder nos gestores devido à necessidade de tomadas de decisão ágeis, foco no cliente.
   b) Parcerias com novos fornecedores, foco no cliente, diversificação do produto e do portfólio, criação e monitoramento dos indicadores-chave de desempenho.
   c) Parceria com equipe operacional, sindicatos e *stakeholders*; transferência de poder para a linha de frente; integração de atividades de mensuração, relatórios e melhorias de desempenho; conexão entre as medidas de desempenho e a estratégia.
   d) Liderança de custo, posicionamento da marca, excelência

operacional e autonomia de poder de decisão para agilizar o processo de implementação.
e) Liderança de custo, diferenciação, enfoque competitivo e excelência operacional.

4. Quais são as quatro perspectivas traçadas por Kaplan e Norton para o BSC, que se caracteriza como um sistema de informações importante para a implementação e o controle de ações estratégicas nas empresas durante o desenvolvimento do planejamento estratégico?
a) Perspectivas de custos, eficiência, análise da concorrência e análise do mercado.
b) Perspectivas administrativa, financeira, de análise de novas tendências de inovação e de centralização das decisões.
c) Perspectivas de qualidade total, análise da concorrência, análise do mercado, inovação e aprendizado acerca do capital intelectual.
d) Perspectivas financeira, de clientes, de processos internos e de inovação e aprendizado.
e) Perspectivas tecnológicas e de inovação, de aprendizado interno contínuo e práticas melhores, de análise do mercado e de análise da concorrência.

5. Kaplan e Norton (1997, p. 21) enfatizam que medir é importante: "O que não é medido não é gerenciado", pensamento que se tornou uma máxima no meio corporativo devido ao grau de verdade. Os autores ainda ressaltam que as empresas inovadoras adotam a filosofia do BSC para viabilizar processos gerenciais críticos. Em que consistem esses processos?

a) Otimizar processos; centralizar o poder; coordenar ações de controle rígido em prol da eficácia dos resultados; planejar, determinar metas e estabelecer prazos extensos para que elas sejam alcançadas em conjunto com a melhoria do *feedback* organizacional.
b) Estabelecer metas agressivas e ousadas; seguir os valores e a missão da empresa; determinar novos objetivos estratégicos com vistas à adequação conforme as mudanças de mercado, independentemente da estrutura; melhorar a comunicação interna da organização.
c) Fundamentar e explicitar a visão estratégica da empresa a todos os funcionários e demais envolvidos; comunicar e associar objetivos e medidas estratégicas; planejar, determinar metas e alinhá-las à estratégia; melhorar o *feedback* organizacional e o aprendizado estratégico.
d) Estabelecer metas quantitativas e qualitativas claras; determinar controles interligados das áreas da organização em prol da otimização de processos; planejar, determinar metas e estabelecer níveis de qualidade concatenados com as normas internas em conjunto com a melhoria da comunicação interna.
e) Otimizar as atividades desempenhadas; melhorar a comunicação interna, o *feedback* organizacional e a produtividade; seguir os valores, a missão e a visão da empresa, que são patamares essenciais para a permanência dos colaboradores.

Referências

KAPLAN, R. S.; NORTON, D. P. *A estratégia em ação:* balanced scorecard. 23. ed. Rio de Janeiro: Elsevier, 1997.

KAPLAN, R. S.; NORTON, D. P. *Mapas estratégicos:* convertendo ativos intangíveis em resultados tangíveis. 10. ed. Rio de Janeiro: Elsevier, 2004.

MINTZBERG, H.; AHLSTRAND, B.; LAMPEL, J. *Safari de estratégia:* um roteiro pela selva do planejamento estratégico. Porto Alegre: Bookman, 2010.

SWAIM, R. W. *A estratégia segundo Drucker:* estratégias de crescimento e insights de marketing. Rio de Janeiro: LTC, 2011.

TAVARES, M. C. *Gestão estratégica.* 3. ed. São Paulo: Atlas, 2010.

Leituras recomendadas

KERZNER, H. *Gestão de projetos:* as melhores práticas. 3. ed. Porto Alegre: Bookman, 2017.

TAVARES, M. C. *Gestão estratégica.* São Paulo: Atlas, 2005.

Cliente e valor

Objetivos de aprendizagem

Ao final deste texto, você deve apresentar os seguintes aprendizados:

- Definir como criar valor para os clientes por meio do planejamento estratégico.
- Identificar como agregar valor aos produtos/serviços por meio de atividades primárias e secundárias.
- Verificar exemplos de empresas orientadas para o valor.

Introdução

A proposta de valor é um dos pontos mais importantes do desenvolvimento do planejamento estratégico da organização — proposta que será que será transmitida ao potencial cliente e, consequentemente, aos concorrentes e ao mercado em que atua a empresa.

A criação de valor passa por um conjunto de ações internas da organização que são reverberadas por meio dos seus produtos e serviços e definem a forma como a empresa se apresenta a seus clientes. Essas ações têm relação com a constituição dos valores organizacionais — tangíveis e intangíveis —, o preço, o diferencial, as parcerias, os *stakeholders* e a forma como se relacionam, a entrega ao cliente e a busca por fidelização, e garantem a manutenção da organização no mercado. Você pode perceber, assim, a importância da criação de valor no decorrer do planejamento estratégico.

Neste capítulo, você vai estudar a criação de valor para os clientes por meio do planejamento estratégico. Para tanto, você vai identificar formas de agregar valor a produtos e serviços e vai verificar exemplos de empresas que são orientadas pela criação de valor.

Como criar valor para os clientes por meio do planejamento estratégico

As organizações, desde a sua constituição, são criadas com um propósito a ser desenvolvido e buscado durante a sua trajetória de consolidação no mercado. Normalmente, tal propósito determina caminhos estratégicos, partindo-se do que as empresas acreditam ser ideal e o que funciona melhor para a obtenção de clientes aderentes à sua proposta de trabalho; essa aderência se dará mediante o valor que a empresa aparenta e entrega. Ao longo do tempo, a empresa vai conquistando espaço e adeptos ao seu produto/serviço, criando um posicionamento frente aos concorrentes e ao mercado como um todo.

No que tange ao posicionamento competitivo, Porter (1991) considera **valor** aquilo que os compradores estão dispostos a pagar. O valor superior provém da oferta com preços mais baixos do que os da concorrência associados a benefícios equivalentes, ou do fornecimento de benefícios singulares, os quais mais do que compensam um preço mais alto. Para o autor, o valor criado pela empresa é um dado absoluto, atrelado ao quanto os compradores se dispõem a pagar pelo que lhes é ofertado. Sob essa premissa, o ponto de partida para o crescimento sustentável de uma empresa é satisfazer os seus clientes e conseguir que eles paguem pelos produtos oferecidos um preço maior do que os custos arcados pela empresa — esse é o desejo central.

Na literatura de *marketing*, o conceito de valor aparece com diferentes interpretações e acepções. Além disso, muitas vezes, a palavra vem acompanhada de qualificativos, dificultando o estabelecimento de uma síntese que abranja todos os conteúdos e significados associados à palavra; por exemplo: valor do cliente, valor para o cliente, valor percebido, valor entregue, valor vitalício, valor agregado, valor da marca, etc.

Nesse sentido, Kotler (2004) e Kotler e Armstrong (2008) fazem uso dos conceitos de valor entregue e valor percebido pelo cliente. O **valor entregue** é mensurado pela diferença entre o conjunto de benefícios e o custo total de uma oferta, esse último compreendendo o preço pago e os demais custos inerentes à aquisição do produto. Kotler e Keller (2012) afirmam que, no processo de escolha entre alternativas, o consumidor faz uma seleção entre as ofertas disponíveis, comparando-as a fim de verificar aquela que lhe proporcionará maior valor, o que se traduz como uma avaliação entre os benefícios e os custos tangíveis e intangíveis percebidos por ele. Na concepção desses últimos autores, a mensuração do valor é feita por diferença, e não pelo cálculo de uma razão, o que dificulta o estabelecimento de comparações entre valores financeiros, por exemplo. Em síntese, sob a perspectiva do que a empresa oferece ao cliente (valor para o cliente), valor pode figurar na literatura de *marketing* como um número (relação, razão), expressando a dualidade de **benefícios** (convertidos em unidades monetárias) e **sacrifícios** (preço/custos).

Alternativamente, o valor tem sido interpretado considerando-se apenas a dimensão composta pelo conjunto de atributos tangíveis e intangíveis inerentes ao produto, ou seja, o numerador da expressão. Nesse caso, encontram-se os seguintes termos para designar valor: características do produto/serviço, qualidade e utilidade — pela ótica da empresa —, ou, simplesmente, benefícios — pela ótica do cliente (**valor percebido**).

Pode-se estabelecer uma estratégia de negócio e de *marketing* a partir do conceito de **proposição única de valor**. Enfatizando a sua importância no que tange à competitividade e ao crescimento, Kaplan e Norton (2004) afirmam que a estratégia de negócios é baseada em uma proposição diferenciada de valor para o consumidor e que a satisfação do cliente é a fonte da criação de valor sustentável. O cerne do conceito é a **diferenciação**; nesse sentido, outros termos passaram a figurar na teoria e na prática gerencial, para estender a sua aplicabilidade ao posicionamento competitivo e à estratégia de *marketing*: *unique value proposition* — UVP, ou proposição única de valor — e *value proposition* — VP, ou proposição de valor.

Hindle (2008) sugere algumas opções para a empresa se diferenciar e propor ao cliente um valor que seja único:

- **Produto/serviço único (exclusividade)** — trata-se de uma modalidade cada vez mais comum na era da informação; é usada, normalmente, quando se pretende diferenciar a oferta da empresa das ofertas dos seus concorrentes, permitindo a prática de preço *premium*.
- **Preço mais baixo** — a empresa procura destacar-se da multidão como o fornecedor com menor preço. Importante: clientes que baseiam suas decisões de compra somente em preço costumam não ser fiéis a marcas, produtos ou serviços.
- **Criação de facilidades ao cliente** — serviço ao cliente.
- **Amplitude de escolha** — é um caminho utilizado normalmente pelos produtos que são nichos de mercado.
- **Domínio do problema/melhor garantia** — é importante assegurar que o valor procurado será entregue, principalmente em determinados tipos de indústria/serviço, como a de turismo ou de venda pela internet (*e-commerce*); em casos como esses, o cliente paga antecipadamente e espera que o que comprou seja efetivamente entregue.

No domínio competitivo, a proposição de valor tem sido entendida como uma declaração sobre o benefício central, único e superior que uma empresa, uma marca, um produto ou um serviço proporciona ao cliente comparativamente à concorrência. O propósito da empresa ao realçar o valor agregado é transmitir a ideia de como ela se difere de seus competidores, proporcionando a oferta de um valor único que justifique a preferência do consumidor. O desafio básico é sobressair-se mesmo em mercados saturados e persuadir potenciais consumidores de que a oferta da empresa agregará mais valor ou atenderá melhor sua expectativa do que as ofertas similares que com ela concorrem.

O que se percebe é que, em qualquer estratégia escolhida para ser apresentada ao cliente, ao propor um valor diferenciado do seu produto/serviço, a empresa precisará ter uma certeza e deverá se planejar, tomando atitudes muito bem delineadas e organizadas quanto ao plano de ação que será implementado e ao posicionamento que deseja. Essas decisões devem levar em consideração o tipo de negócio, o porte, a cultura organizacional, os custos que serão investidos, o capital intelectual, as parcerias e as expectativas projetadas (Figura 1).

O que se vê no meio corporativo, até mesmo devido às novas tecnologias e inovações e ao momento econômico-social no Brasil e no mundo, é a busca das empresas por se venderem com um diferencial, muitas vezes propondo entre suas características uma **mensagem subliminar**. Por exemplo, quando o produto produzido tem responsabilidade ambiental, ou a postura da empresa demonstra um viés social, cria-se parcerias com ONGs de proteção à criança ou aos animais, trazendo, com esse enfoque, um maior valor à marca. Esse enfoque é comercializado e experimentado internamente a partir das dinâmicas de atuação da organização.

Link

No *link* abaixo, você pode consultar o artigo intitulado "Planejamento estratégico de *marketing* na prática", que descreve o planejamento estratégico e a importância da criação de valor para o cliente.

https://goo.gl/Y4TS7a

Como agregar valor aos produtos/serviços por meio de atividades primárias e secundárias

Quando uma organização se planeja e se estrutura para gerar uma proposta de valor agregado ao seu produto/serviço, ela busca essencialmente adquirir uma vantagem competitiva em cima de seus potenciais concorrentes e um destaque frente ao mercado como um todo. A **vantagem competitiva** é uma maneira genérica de dizer que uma organização possui diferenciais sustentáveis no longo prazo perante aos demais competidores do mercado de atuação.

Porter (1989, p. 2) menciona que "[...] a vantagem competitiva surge fundamentalmente do valor que uma empresa consegue criar para seus compradores e que ultrapassa o custo de fabricação pela empresa", valor esse que pode ser mensurado ou não, tangível ou intangível, pois se pautará no que a empresa deseja transmitir de mensagem por meio do seu produto, estando nela incluídos os seus valores organizacionais. Porter (1989, p. 31) ainda fala que a vantagem competitiva "[...] tem sua origem nas inúmeras atividades distintas que uma empresa executa no projeto, na produção, no *marketing*, na entrega e no suporte de seu produto". Ou seja, para que se tenha vantagem competitiva e valor agregado, o produto/serviço precisará demonstrar a que veio.

As mais diversas atividades executadas em um ambiente organizacional devem ter como foco a sustentação, a longo prazo, da qualidade dos serviços prestados ou dos produtos entregues ao seu cliente/consumidor. Para compreendermos melhor esse aspecto, podemos retomar a constituição da **cadeia de valor**. Inicialmente proposta por Porter, a cadeia de valor pode ser definida como um conjunto de atividades e operações que visam criar valor desde as matérias-primas até o produto ou serviço final.

A cadeia de valor é uma das maneiras como as organizações se organizam para sustentarem as suas vantagens competitivas e os seus diferenciais de mercado ao longo das atividades desenvolvidas, até o momento de os consumidores terem acesso ao produto ou ao serviço. Ou seja, "[...] são as atividades físicas e tecnologicamente distintas, através das quais uma empresa cria um produto valioso para os seus compradores", conforme leciona Porter (1989, p. 34).

A estrutura das atividades da cadeia de valor é subdividida em dois conjuntos: as atividades primárias e as atividades secundárias ou de apoio. O conjunto das **atividades primárias** é representado, conforme Porter (1989, p. 36), pelas seguintes funções:

- Logística interna — são as atividades associadas ao material que será utilizado, como armazenagem, controle de estoque, programação de frotas, veículos e, ainda, a dinâmica entre os fornecedores e a empresa.
- Operações — são as atividades associadas à transformação dos insumos no produto final, como trabalho com máquinas, embalagens, montagem, manutenção de equipamento, testes, impressão e operações de produção.
- Logística externa — são as atividades associadas à coleta, ao armazenamento e à distribuição física do produto para compradores, como armazenagem de produtos acabados, manuseio de materiais, operação de veículos de entrega, processamento de pedidos e programação.
- *Marketing* e vendas — são as atividades relacionadas à disposição de um meio pelo qual os compradores possam adquirir o produto e à forma de induzi-los a fazer isso, como propaganda, promoção, força de vendas, cotação, seleção de canal, relações com canais e fixação de preços.
- Serviço — são as atividades associadas ao fornecimento de serviço para intensificar ou manter o valor do produto, como instalação, conserto, treinamento, fornecimento de peças e ajuste do produto.

Já o conjunto das **atividades de apoio**, ou secundárias, é constituído, segundo Porter (1989, p. 37), pelas seguintes funções:

- Aquisição — são funções relacionadas à compra de insumos empregados na cadeia de valor da empresa. Os insumos adquiridos incluem matérias-primas, suprimentos e outros itens de consumo, além de ativos como máquinas, equipamentos de laboratório, equipamentos de escritório e prédios.
- Desenvolvimento de tecnologia — cada atividade de valor engloba tecnologia, como *know-how*, procedimentos e até mesmo a tecnologia associada aos equipamentos do processo e ao próprio produto.
- Gestão de recursos humanos — consiste em atividades relacionadas ao recrutamento, à contratação, ao treinamento, ao desenvolvimento, à movimentação e ao desempenho de todos os times da empresa.
- Infraestrutura da empresa — consiste em uma série de atividades, incluindo gerência geral, planejamento, finanças, contabilidade, problemas jurídicos, questões governamentais e gerência da qualidade.

Ou seja, todas as atividades, estando interligadas, proporcionarão o diferencial esperado do produto/serviço entregue ao cliente. É por meio da união de todos esses esforços e do desenvolvimento, na prática, de todo o fluxo de processos, que se formará a **proposta de valor** que se deseja transmitir, sendo esta a soma de trabalhos e características de atuação que têm um objetivo comum.

Link

No artigo "O modelo de cadeia de valor de Michael Porter", do *site* Portal Gestão, a autora relata a relevância da cadeia de valor e das suas atividades primárias e secundárias para o produto ou serviço oferecido pela organização. Você pode consultar esse artigo no *link* abaixo.

https://goo.gl/ZChijS

Exemplos de empresas orientadas para o valor

Quando pensamos em empresas orientadas para o valor, as primeiras imagens que nos vêm à mente, em geral, são as de empresas que transmitem mensagens relacionadas aos seus valores organizacionais, sendo estes maciçamente veiculados nos diferentes canais de comunicação. Isso se mostra a cada dia mais como uma tendência do novo mercado. Podemos caracterizar esse movimento como o desenvolvimento do *marketing* **3.0**, que engloba o sistema colaborativo cultural e espiritual existente atualmente.

Nesse sentido, atualmente, o papel central do gestor de *marketing*, em um primeiro momento, é conquistar fãs e adeptos de suas ideias, e não clientes. As **marcas** representam o espírito da empresa para o mercado como um todo; elas têm como foco o posicionamento da empresa e, assim, oferecem produtos e serviços que não só atendem às necessidades, mas, principalmente, conquistam admiradores, e não apenas clientes. No entanto, existem orientações e formatos distintos nessa atual era do conhecimento. Assim, as empresas que empregam o *marketing* rotulado como 3.0 podem ter diferentes focos:

- **Na produção** — essas empresas têm uma visão de que seus clientes darão preferência para produtos que sejam encontrados com facilidade e, assim, utilizam múltiplos canais de distribuição, com preço baixo. Elas têm produção em grande escala focada em preços competitivos de produtos/serviços, com o maior número possível de pontos de venda, para que o produto possa ser consumido e encontrado por seu cliente em todo lugar. Essa dinâmica não considera as necessidades e os desejos individuais dos clientes, mas, sim, a larga escala de produtos/serviços dos quais já se conhece a demanda. Um exemplo é um médico de policlínicas que não tem a preocupação em fidelizar/conquistar o paciente, mas, sim, atingir a demanda de atendimentos.

- **No produto** — essas empresas consideram que os clientes preferem marcas que oferecem produtos de melhor qualidade, desempenho e benefícios, proporcionando um diferencial normalmente inovador e de destaque frente aos demais. Por exemplo, os produtos das lojas Prada, que consistem em roupas de alto padrão, são destinados a um público específico.
- **Nas vendas** — essas empresas agem com o pensamento exclusivamente nos resultados das vendas, sem pensar na satisfação do cliente. Trata-se daqueles produtos que, normalmente, compramos apenas por comprar, pela pressão da publicidade daquele momento, como cartões de crédito de lojas de magazine e consórcios.
- **Na proposta de *marketing*** — nesse caso, a empresa se preocupa em estudar e pesquisar seus potenciais clientes para oferecer exatamente o que eles desejam, buscando a satisfação — ou até mesmo a superação desta — e a fidelização do cliente.

Acima de todas essas orientações, o que mais se demanda atualmente é o **propósito** que a empresa e o produto/serviço poderão oferecer ao cliente, já que todas as empresas atualmente vêm com a mesma proposta de diferenciação, nem sempre real ou factível. Esse propósito é gerado por meio do conceito de **responsabilidade social corporativa**, descrito por Porter e Kramer no seu premiado artigo "Estratégia e sociedade" (PORTER; KRAMER, 2006), publicado na Harvard Business Review. Nesse artigo, os autores procuraram organizar o conceito, relacionando-o à estratégia competitiva das empresas, de modo a criar um alinhamento entre ambos. Para eles, a principal crítica que as iniciativas voltadas à responsabilidade social mereciam era a de que estavam de tal forma desconectadas das atividades centrais do negócio que acabavam por obscurecer as verdadeiras oportunidades de geração de valor para a sociedade que a empresa poderia oferecer.

Os autores partem da premissa de que a empresa efetivamente estará cumprindo o seu papel na sociedade ao "fazer bem, fazendo o bem" ("*doing well by doing good*", em inglês), garantindo que práticas corretas e socialmente responsáveis estejam presentes em cada etapa da sua cadeia de valor, incluindo fornecedores, suas próprias unidades e até mesmo seus clientes, e ao mesmo tempo fazendo isso de forma absolutamente alinhada à sua estratégia competitiva. Assim, Porter e Kramer trouxeram uma nova e consistente perspectiva para os debates sobre o verdadeiro papel das empresas.

A **criação de valor compartilhado** proposta por Porter e Kramer no artigo "Criando valor compartilhado" (PORTER; KRAMER, 2011) enfatiza a criação de valor organizacional. A principal premissa para a criação de valor compartilhado é a de que a competitividade de uma empresa e a saúde social das comunidades ao seu redor são mutuamente dependentes. Inúmeros são os exemplos de sucesso de iniciativas para o fortalecimento de comunidades que trouxeram crescimento dos negócios para as empresas, especialmente em regiões menos desenvolvidas — um exemplo é o trabalho realizado pela Nestlé na Índia. Assim, Porter e Kramer propõem a ideia de que cabe às empresas promoverem o desenvolvimento econômico e social e iniciar uma nova era de prosperidade global. O que se percebe, com todos os movimentos e parâmetros apontados, é que, quanto mais valorizada a empresa, maiores serão as perspectivas de crescimento, maior é a sua reputação, maior é a facilidade de obtenção de recursos para novos investimentos, trazendo credibilidade à marca, e, via de regra, maiores serão as perspectivas de carreira para seus colaboradores, proporcionando um efeito cascata de benefícios.

Link

No *link* a seguir, o artigo "Conheça as 20 empresas que são modelo de sustentabilidade", da revista *Exame*, destaca alguns exemplos de propostas de valor empregadas em organizações, levando em conta os aspectos financeiro, ambiental e social.

https://goo.gl/5pCy1T

Inúmeros são os casos de empresas que deixaram de existir ou que perderam oportunidades de negócios que estavam à sua disposição simplesmente por falta de visão a longo prazo nas tomadas de decisão. Isso se mostra evidente no real propósito traçado pela organização. É sabido que o valor da empresa é determinado pela sua capacidade de gerar resultados para seus acionistas e proprietários, de acordo com cada caso. E essa geração de resultados somente será maximizada se a empresa adotar condutas que a tornem respeitada e admirada pela sociedade no longo prazo. Mais ainda, que possibilite que aqueles que nela trabalham se sintam orgulhosos, engajados e com um sentido claro do propósito não apenas de suas carreiras individuais, mas da organização como um todo. Nesse sentido, se o propósito é a ponte, o pilar fundamental que sustenta a organização é a transparência total imposta pela nova ordem social.

Portanto, não há mais espaço para as empresas adotarem práticas que desconsiderem os seus impactos sobre a sociedade de forma abrangente. Ao mesmo tempo, nunca foi tão perigoso focar apenas nos resultados de curto prazo. Caso as empresas sigam por esse caminho, na primeira situação, a sociedade, e especialmente os seus clientes, não as perdoarão. No segundo caso, caberá à transformação acelerada do ambiente de negócios ser implacável. Assim, estar atenta e "antenada" às mudanças é a missão primordial de toda organização. Com isso, a sua proposta de valor terá ainda maior influência na garantia de seu futuro neste mercado em constante mutação.

Link

O Portal da Indústria, no artigo intitulado "Conheça 22 cases que evidenciam o valor da inovação no país", apresenta alguns *cases* de sucesso de organizações que investiram em inovação e agregaram maior valor aos negócios.

https://goo.gl/8Mj37c

Exercícios

1. No desenvolvimento do planejamento estratégico, quando se traça uma proposta de valor para o produto/serviço a ser oferecido pela empresa, uma das premissas é a busca por um posicionamento competitivo frente aos seus potenciais concorrentes. Com base nessa afirmativa, Porter (1991) considera valor:

a) aquele produto/serviço mais caro, pois a empresa deve primar pela qualidade.

b) aquele produto/serviço mais inovador e com maior potencial tecnológico, vislumbrando negócios futuros.

c) aquilo que os compradores desejam adquirir de diferencial para sua satisfação.

d) aquilo que dê ao consumidor *status* social.

e) aquilo que os compradores estão dispostos a pagar.

2. Segundo Porter, a estrutura das atividades da cadeia de valor é subdividida:
a) em dois conjuntos — as atividades primárias e as atividades secundárias ou de apoio.
b) em dois conjuntos — com foco na produção e com foco nas vendas.
c) em dois conjuntos — com foco nas campanhas de *marketing* e com foco nas vendas.
d) em dois conjuntos — com foco nas perspectivas de mercado e com foco no produto.
e) em dois conjuntos — as atividades de *marketing* e as atividades secundárias ou de apoio, como as campanhas.

3. Hindle (2008) sugere algumas opções para a empresa se diferenciar e propor ao cliente um valor que seja único. Quais são elas?
a) Inovação; estratégias agressivas de venda; preço competitivo; lucratividade alta; amplitude de escolhas, com diversidade no portfólio de produtos.
b) Investimento publicitário; mão de obra barata para produção; negociação com fornecedores; inovação; amplitude de formas de pagamento ao cliente.
c) Produto/serviço exclusivo; preço mais baixo; criação de facilidade ao cliente; amplitude de escolha; melhor garantia.
d) Qualidade dos produtos; preços compatíveis com o diferencial do produto; inovação; novas tecnologias; redução de canais de vendas.
e) Qualidade dos produtos; mão de obra diferenciada e cara; inovação; preços condizentes com a clientela de alto padrão; melhor garantia.

4. Qual é a principal premissa para a criação de valor compartilhado, conceito proposto por Porter e Kramer que se mostra tão importante no escopo do planejamento estratégico no momento da descrição de valor do produto/serviço?
a) É a de que a matriz de responsabilidades de uma empresa frente aos seus proprietários e acionistas deve ser a sua prioridade.
b) É a de que os planos de ação de uma empresa precisam estar integrados à cultura organizacional e aos seus valores.
c) É a de que a competitividade de uma empresa e a saúde financeira dos seus proprietários são mutuamente dependentes.
d) É a de que a competitividade de uma empresa e a saúde social das comunidades ao seu redor são mutuamente dependentes.
e) É a de que a competitividade de uma empresa e a interligação com seus valores organizacionais são mutuamente independentes.

5. Quanto à importância dos aspectos de competitividade e de crescimento organizacional, Kaplan e Norton (2004) afirmam que a estratégia de negócios é baseada:
a) em uma proposição competitiva voltada a atender às grandes demandas de mercado.

b) em uma proposição voltada ao mercado já existente, sem correr riscos de novas demandas dos clientes.

c) em uma proposição diferenciada de valor para o consumidor, considerando-se que a satisfação do cliente é a fonte da criação de valor sustentável.

d) em uma proposição igualitária de valor frente a seus concorrentes e potenciais clientes, aproveitando o mercado já existente.

e) em uma proposição inovadora de valor, voltada a novos mercados e novas tecnologias, com projeções para o futuro.

Referências

HINDLE, T. *Guide to management ideas and gurus*. Londres: The Economist, 2008.

KAPLAN, R.; NORTON, D. *Mapas estratégicos*. Rio de Janeiro: Campus, 2004.

KOTLER, P. *Administração de marketing*. São Paulo: Prentice-Hall, 2004.

KOTLER, P.; ARMSTRONG, G. *Princípios de marketing*. São Paulo: Pearson Prentice-Hall, 2008.

KOTLER, P.; KELLER, K. L. *Administração de marketing*. 14. ed. São Paulo: Pearson Prentice Hall, 2012.

PORTER, M. E. *Vantagem competitiva*: criando e sustentando um desempenho superior. 3. ed. Rio de Janeiro: Campus, 1991.

PORTER, M. *Vantagem competitiva*: criando e sustentando um desempenho superior. Rio de Janeiro: Elsevier, 1989.

PORTER, M.; KRAMER, M. Criando valor compartilhado. *Harvard Business Review Brasil*, 6 jan. 2011. Disponível em: <https://hbrbr.uol.com.br/criacao-de-valor-compartilhado/>. Acesso em: 16 out. 2018.

PORTER, M.; KRAMER, M. Estratégia e sociedade: o elo entre vantagem competitiva e responsabilidade empresarial social. *Harvard Business Review Brasil*, dez. 2006. Disponível em: <https://pt.scribd.com/document/353783550/2006-Estrategia-e-Sociedade-O--Elo-Entre-Vantagem-Competitiva-e-Responsabilidade-Social-Empresarial>. Acesso em: 16 out. 2018.

Leitura recomendada

BAYE, M. R. *Economia de empresas e estratégias de negócios*. 6. ed. Porto Alegre: Bookman, 2010.

Planejamentos estratégico, tático e operacional

Objetivos de aprendizagem

Ao final deste texto, você deve apresentar os seguintes aprendizados:

- Diferenciar planejamento estratégico dos planejamentos tático e operacional.
- Relacionar os planejamentos de curto, médio e longo prazos com a saúde financeira da organização.
- Realizar projeções das situações econômico-financeira e patrimonial da empresa.

Introdução

O processo de construção e desenvolvimento dos planejamentos estratégico, tático e operacional é de grande importância para a criação e a manutenção da saúde financeira da empresa de forma consistente e equilibrada. O plano de ação de uma organização está no centro de atuação do capital humano. Ele diz respeito às atividades desenvolvidas e entregues pela empresa, bem como seus prazos, níveis e índices de performance. Essas atividades, índices e níveis de performance são empregados como vieses comparativos em relação ao que é recebido e percebido financeira e economicamente pela empresa, tornando possível verificar e realinhar, se for o caso, os rumos da empresa, tendo em vista um direcionamento adequado à sua realidade. O objetivo é que a empresa apresente boa rentabilidade e estabilidade econômica frente ao mercado, aos seus proprietários e acionistas.

Neste capítulo, você vai estudar sobre os planejamentos estratégico, tático e operacional, verificando suas principais diferenças e completudes, as quais integram os processos de trabalho nas organizações e seus desdobramentos práticos. Por meio do desenvolvimento desses planejamentos, pode-se atuar de forma mais consistente e equilibrada para a criação e a manutenção da saúde financeira e econômica da empresa. Você também vai verificar a relação dos planejamentos de curto, médio e longo prazos com a saúde financeira da organização e vai explorar as projeções de situações econômico-financeiras e patrimoniais das empresas.

Conceitos fundamentais

O foco de atuação do planejamento está na prevenção de possíveis riscos a uma organização e na tomada de atitudes proativas no decorrer do seu desenvolvimento, visando à excelência dos resultados desejados. Esse planejamento pode ser desdobrado principalmente em relação aos níveis hierárquicos e de inferência na gestão. De acordo com Oliveira (2003), considerando-se os níveis hierárquicos, o planejamento pode ser dividido em três tipos:

- planejamento estratégico;
- planejamento tático;
- planejamento operacional.

Esses três tipos de planejamento se diferenciam clara e objetivamente quanto ao **poder de decisão** existente para as tomadas de decisões organizacionais. Porém, é importante também destacar as principais diferenças que permitem que esses tipos de planejamento se complementem, formando um grande ciclo de atividades que se agregam em prol de um objetivo comum.

Segundo Maximiano (2000), o **planejamento estratégico** é de responsabilidade dos executivos pertencentes aos níveis mais altos da hierarquia organizacional e está associado às tomadas de decisões globais sobre produtos e serviços que a organização pretender oferecer, bem como os clientes e mercados que pretende atingir.

Para Oliveira (2003), o planejamento estratégico está relacionado aos objetivos de toda a empresa, existindo diversas maneiras e estratégias de conquistá-los a longo prazo. É considerado um processo gerencial que facilita o dia a dia do executivo no cumprimento das metas planejadas pela organização. Diz-se que o planejamento estratégico é o planejamento de maior importância, pois está ligado inteiramente à proposta de trabalho da empresa, tendo como responsabilidade desdobrar ações para toda a organização, para que ela alcance os objetivos traçados a longo prazo.

Segundo Oliveira (2003), é necessário dividir o planejamento estratégico em **fases**, para garantir a sua eficácia:

1. Diagnóstico estratégico — essa fase analisa e verifica todos os pontos essenciais à realidade externa e interna da organização, a partir das pessoas nela envolvidas.
2. Missão da empresa — é o principal foco do planejamento estratégico e representa a razão de ser da empresa.
3. Instrumentos prescritivos e quantitativos — nessa fase é criada uma análise para que a empresa possa alcançar os objetivos esperados.
4. Controle e avaliação — é considerada uma ação importante que visa a garantir a realização dos objetivos, das estratégias e dos projetos estabelecidos.

Já no **planejamento tático**, traçam-se objetivos para o médio prazo. Ele é criado em níveis organizacionais inferiores com a finalidade de usar recursos disponíveis para alcançar os objetivos esperados. Assim, esse planejamento é desenvolvido nos níveis intermediários da organização — normalmente acontece no nível gerencial —, com a finalidade de operacionalizar as grandes decisões estratégicas tomadas pela alta administração e utilizar de forma eficiente os recursos disponíveis para alcançar os objetivos fixados. Ele envolve também a determinação de políticas para o processo decisório da empresa.

Por sua vez, o **planejamento operacional** representa a união de algumas partes do planejamento tático, com um detalhamento maior e em um menor prazo de acontecimentos, conforme leciona Oliveira (2003). Ele geralmente é desenvolvido no curto prazo pelos níveis organizacionais inferiores, com o foco nas atividades do dia a dia da empresa, envolvendo a disponibilização de documentos escritos e métodos de implantação prática. Nesse tipo de planejamento, são atribuídos planos de ação com intensidade mais restrita e com menor risco.

Em síntese, o planejamento estratégico oferece a visão macro de atuação da empresa a longo prazo e se multiplica para os níveis gerenciais, que darão o comando e o direcionamento dos planos de ação a serem executados; o planejamento operacional atua colocando esses planos de ação em prática diariamente nas rotinas de trabalho.

Esses três níveis de planejamento são estabelecidos para que as organizações possam seguir um formato de trabalho, o mais colaborativo e integrado possível, e tenham a capacidade de desenvolver seus processos de forma organizada, com um toque personalizado, observando-se as características da empresa. Busca-se a otimização dos resultados diante da competitividade a cada dia mais acirrada, objetivando sempre a melhoria contínua.

A agilidade do mundo contemporâneo exige uma dinâmica muito diferenciada se comparada há tempos atrás. Assim, somada às formas de se planejar e desenvolver as atividades na empresa, a **flexibilidade às mudanças** deve se mostrar presente em cada uma das fases do planejamento, devendo a empresa estar aberta à inovação e à reestruturação sempre que necessário. Para conquistar e se manter no mercado e na mente do público-alvo, a organização deve aproveitar as oportunidades e utilizar seus pontos fortes, distanciando-se das ameaças do ambiente externo e capacitando os pontos que se mostram fracos internamente.

Para as organizações, o planejamento estratégico ajuda a conhecer e traçar caminhos em busca de um melhor conhecimento do mercado e do seu próprio produto e/ou serviço — especialmente em relação ao seu ciclo de vida e à atualização constante —, e a aproveitar as melhores oportunidades que possam surgir no meio corporativo em seu eixo de negócio.

Link

O artigo do Portal Gestão disponibilizado no *link* abaixo aborda de forma clara e objetiva as principais diferenças entre os planejamentos estratégico, tático e operacional.

https://goo.gl/GPfHGt

Planejamentos de curto, médio e longo prazo

Uma **saúde financeira equilibrada** é o desejo de toda organização, principalmente por representar, na maioria dos casos, o sucesso das estratégias utilizadas na gestão organizacional. Esse equilíbrio financeiro está relacionado ao planejamento estratégico e como ele é desenvolvido, aplicado e avaliado no decorrer da jornada de trabalho das empresas, em planos de longo, médio e curto prazo.

Conforme Campos (1996), o planejamento estratégico abrange os seguintes planos:

- plano de longo prazo, com horizonte de cinco a 10 anos, em que se definem estratégias (meios) para se atingir a visão de futuro (fins) idealizada pela empresa;
- plano de médio prazo, com horizonte de três anos, em que são estabelecidas metas sobre as estratégias de longo prazo e feitas projeções financeiras que suportem as medidas para o atingimento das metas;

- plano anual, em que é feito o detalhamento do primeiro ano dos planos de longo e médio prazos, com metas concretas, até o ponto de se obter os planos de ação e o orçamento anual.

Assim, conforme lecionam Sobral e Peci (2010), o planejamento estratégico consiste em um processo responsável pela definição dos objetivos da organização e pela concepção dos planos e ações para o alcance desses objetivos, prevendo-se um determinado período de execução. Esse processo tem dupla atribuição; a primeira é definir o propósito, as intenções ou os estados futuros desejados pela organização (objetivos); a segunda é buscar o atingimento desses objetivos e envolve os planos, caminhos e ações a serem tomadas, tendo como base o plano anual, que mostra a direção a ser seguida pela organização e a maturação necessária para vencer os obstáculos.

Há diversos componentes genéricos que qualificam uma organização como saudável:

- uma estratégia robusta e confiável;
- uma infraestrutura produtiva e em bom estado;
- produtos, serviços e processos inovadores;
- uma boa reputação com clientes, reguladores, governos e outros *stakeholders*;
- a habilidade de atrair, reter e desenvolver talentos de elevada performance.

Graham, Harvey e Rajgopal (2005) relatam uma pesquisa em que a maioria dos gestores disse que renunciaria a um investimento que oferecesse um retorno significativo de capital se isso significasse desempenhos trimestrais ruins. Em outro estudo, mais de 80% dos executivos disseram que cortariam despesas em pesquisa e desenvolvimento e *marketing* para se assegurar de que bateriam seus objetivos trimestrais — mesmo se acreditassem que os cortes destruiriam o valor no longo prazo.

Três coisas podem ajudar a garantir a saúde financeira da empresa. Primeiramente, a estratégia de uma companhia deve consistir em um portfólio de iniciativas que envolvam conscientemente horizontes diferentes de tempo. Algumas iniciativas no portfólio influenciarão o desempenho em curto prazo, outras criarão opções para o futuro, como o desenvolvimento de produtos ou serviços novos, a entrada em novos mercados ou a reestruturação dos processos ou das correntes de valor.

Em segundo lugar, as companhias necessitam desenvolver processos organizacionais que suportem um foco tanto no desempenho como na saúde financeira. As companhias com uma orientação de criação de valor no longo prazo não fazem concessões no estabelecimento de ajustes e compromissos de curto prazo, mas definem o que estão fazendo para assegurar sua saúde, e mudarão seu caminho, se necessário, para garantir isso. Por exemplo, uma empresa que enfatiza a inovação como a chave da sua estratégia a longo prazo busca medir especificamente a proporção das vendas que vêm dos produtos novos, já que essa é a alavanca para sua saúde no longo prazo. O que podemos verificar é que existe uma necessidade real de os executivos fazerem um balanceamento de indicadores que cubra todas as áreas do negócio, aproveitando cada oportunidade de falar internamente sobre esse balanceamento com os analistas e investidores.

Em terceiro lugar, as companhias necessitam mudar a natureza de seu diálogo com os seus *stakeholders* principais, particularmente os mercados de capitais e os empregados. Isso significa identificar e posicionar os investidores que suportarão a estratégia de uma empresa e, então, atraí-los, o que exige uma linguagem especializada. A equipe executiva necessita dedicar tempo a seus investidores, explicando suas previsões para a indústria e como a estratégia da empresa criará uma fonte de vantagem competitiva sustentável. É necessário identificar as métricas que vão medir tanto a performance como a saúde da empresa. Um discurso vago e pouco específico sobre valor para o acionista, sem especificar horizontes de tempo e sem atrelamento aos aspectos específicos do negócio, não é significativo e tampouco prático para os objetivos organizacionais. Comunicar-se com os empregados é igualmente importante. A queixa de que "nós não sabemos o que está acontecendo" reflete o hábito de comunicar resultados sem comunicar a intenção no longo prazo. Não é nenhuma coincidência que uma característica típica das empresas duráveis é fazer suas gerações de lideranças futuras se sentirem envolvidas no desenvolvimento da empresa a longo prazo.

Outro ponto que vale destacar nos aspectos para se garantir uma boa saúde financeira é a utilização das quatro perspectivas do **balanced scorecard** (BSC), que permitem fazer um balanço entre os objetivos de curto, médio e longo prazo. São elas: o processo de gestão operacional, o processo de gestão de clientes, o processo de inovação e os processos regulatórios. Segundo Kaplan e Norton (2004, p. 49-51):

> [...] a estratégia compõe-se de temas complementares simultâneos que abrangem horizontes temporais próprios a cada tema estratégico, que precisam ser desenvolvidos de forma simultânea e compartilhados, preservando as suas relações de interdependência e seu papel estratégico.

As empresas que adotam uma estratégia de liderança de produto têm como alavancagem principal seus processos de inovação. As empresas que seguem a estratégia de baixo custo total se destacam nos processos de gestão operacional. As empresas que focam no relacionamento e nas soluções para os clientes focam nos processos de gestão de clientes. Mesmo tendo ênfase em algum grupo de processos, fruto de seu posicionamento estratégico, as empresas devem seguir uma **estratégia "balanceada"** e investir na melhoria dos processos das quatro perspectivas.

As economias de custo resultantes da melhoria da eficiência dos processos operacionais geram benefícios rápidos, de curto prazo; em seguida, as empresas se esgotam na sua capacidade de gerar resultado e sustentabilidade. Nesse sentido, é importante salientar que uma teoria pode dar certo por um tempo e depois se esgotar, pois não foi testada no longo prazo, quando entram em ação os paradigmas sistêmicos dos limites do crescimento. Por exemplo, as economias resultantes do incremento da eficiência dos processos eram o foco do movimento da reengenharia, que se mostrou eficaz no curto prazo, mas no médio/longo prazo revelou suas falácias. Ao reduzir a performance por eliminar competências essenciais e produzir desmobilização do capital humano e organizacional, esse movimento resultou em ineficiência e fracasso históricos e que, agora, em uma perspectiva de longo prazo, merecem uma reflexão.

O aumento da receita decorrente da melhoria no relacionamento com os clientes produz resultados a médio prazo, dentro de 12 a 24 meses. Já os processos de inovação são processos de maturação mais demorada e levam mais tempo para produzir receita e melhorar as margens; podemos esperar de 24 a 48 meses para que os plenos resultados da inovação apareçam. Por sua vez, a captação dos benefícios gerados pelos processos regulatórios e sociais leva sempre mais tempo, mostrando-se à medida que as empresas evitam autuações e litígios, melhoram sua imagem como empregadoras e empresas cidadãs e passam à condição de fornecedores preferidos, fruto da dedicação às comunidades selecionadas.

Assim, pode-se perceber que a **gestão sistêmica** dos diferentes horizontes de tempo, valendo-se de mecanismos que viabilizem essa gestão simultânea, pode proporcionar uma gestão mais saudável para as empresas, tendo como base o **balanceamento dos processos** e das suas perspectivas de atuação.

Link

No artigo "Planejamento financeiro: ferramenta gerencial importante para o sucesso de uma empresa", do *site* Administradores, a autora faz uma abordagem sobre a importância do planejamento financeiro para toda a organização e seus impactos. Acesse o artigo pelo *link* abaixo.

https://goo.gl/7KbzBk

Projeções das situações econômico-financeira e patrimonial da empresa

Ao conceituar a **gestão organizacional** e as formas de desenvolver seu planejamento, estamos falando sobre as diversas formas de avaliar o desempenho de uma empresa em um espaço de tempo, seja pela qualidade de seus produtos, pela responsabilidade social, pela força de sua marca ou pelo sucesso (ou fracasso) financeiro.

É preciso analisar a **questão financeira** constantemente, já que as projeções ou demonstrações financeiras vão oferecer uma série de dados sobre a empresa, de acordo com as regras contábeis, que merecem especial atenção. A partir desses dados, pode-se apurar e interpretar os diagnósticos econômico-financeiro e patrimonial da empresa, visando a uma melhor tomada decisão com base nos quesitos avaliados positiva ou negativamente. É por meio da análise de balanços que esses dados são transformados em informações, tornando mais fácil para o gestor manter o controle financeiro e sendo de suma importância para qualquer empresa.

A **análise de balanços** se faz necessária em qualquer tipo de empresa, independentemente de seu ramo de atuação. Muitas vezes o empresário não sabe como administrar seus recursos financeiros, pois não sabe interpretar as informações dos balanços; trata-se de um risco muito grave para uma empresa. Segundo Assaf Neto (2002, p. 48):

> A análise de balanços visa relatar, com base nas informações contábeis fornecidas pelas empresas, a posição econômico-financeira atual, as causas que determinaram a evolução apresentada e as tendências futuras. Em outras palavras, pela análise de balanços extraem-se informações sobre a posição passada, presente e futura (projetada) de uma empresa.

A análise é um elemento de grande utilidade para as transações que a empresa necessita fazer, como:

- operações de compra e venda de mercadorias a prazo;
- avaliação da eficiência administrativa — por exemplo, a comparação com concorrentes;
- avaliação da situação econômico-financeira.

Todas as **demonstrações financeiras** da empresa podem ser analisadas por esse método. Entre as principais, destacam-se:

- balanço patrimonial;
- demonstração do resultado do exercício;
- demonstração de origens e aplicações de recursos;
- demonstração de lucros ou prejuízos acumulados (ou mutações do patrimônio líquido);
- demonstração do fluxo de caixa;
- demonstração do valor adicionado.

O balanço patrimonial e a demonstração do resultado do exercício são as principais demonstrações. Segundo Marion (2002), para ser feita a análise, deve-se averiguar se a empresa possui todas as demonstrações contábeis (inclusive notas explicativas). São dois os fatores mais importantes na análise das demonstrações contábeis discriminadas nos balanços: a qualidade das informações e o volume de informações disponibilizadas a quem for analisá-las.

Os **relatórios contábeis**, segundo Assaf Neto (2002, p. 49), distinguem-se entre obrigatórios e não obrigatórios:

- Os **relatórios obrigatórios** são aqueles definidos pela legislação societária, sendo mais conhecidos por demonstrações contábeis ou financeiras, como balanço patrimonial, demonstração do resultado do exercício, demonstração dos lucros ou prejuízos acumulados ou demonstração das mutações do patrimônio líquido e demonstração das origens e aplicações de recursos.
- Os **relatórios não obrigatórios** não fazem parte da estrutura básica das demonstrações contábeis que devem ser elaboradas para efeitos de divulgação, sendo normalmente destinados ao uso gerencial interno, como fluxos de caixa e projeções de vendas.

A linguagem utilizada na análise de balanços deve ser a corrente, sem fatores que compliquem os usuários dos relatórios contábeis. Quando for possível, pode-se utilizar tabelas ou gráficos para auxiliar na interpretação, facilitando, assim, o entendimento de quem fará uso da análise.

A interpretação dos dados apresentados nos balanços/demonstrativos contábeis por meio de índices é a forma mais adequada de se obter dados concretos da real situação de uma empresa em um momento determinado. Essa interpretação se dará por meio de análises específicas, como:

- **Análise financeira** — é o estudo da liquidez, que expressa a capacidade de pagamento que há na empresa, ou seja, suas condições financeiras de cumprir no vencimento todas as obrigações assumidas. Verifica-se, ainda, o equilíbrio financeiro e sua necessidade de investimento em capital de giro.
- **Análise econômica** — é uma avaliação da rentabilidade e lucratividade do desempenho da empresa, observando o retorno sobre os investimentos realizados e a lucratividade apresentada pelas vendas.
- **Análise administrativa** — é feita a partir do cálculo dos índices de rotação ou prazos médios (recebimento, pagamento e estocagem), tendo como intuito avaliar a capacidade da administração do capital de giro pela empresa.

Link

Os *links* a seguir apontam para o portal do Sebrae e o *site* Administradores, respectivamente, e apresentam como deve ser feita a análise financeira, obtendo-se projeções para os negócios.

https://goo.gl/kHLGyf

https://goo.gl/cZVHG9

Os **índices de liquidez** avaliam a capacidade de pagamento da empresa frente às suas obrigações, sendo de grande importância para a administração da continuidade da empresa. As informações para o cálculo desses índices são retiradas unicamente do balanço patrimonial, a demonstração contábil que evidência a posição patrimonial da empresa, devendo ser atualizadas constantemente para uma correta análise.

- **Liquidez imediata** — indica o percentual de dívidas de curto prazo, que poderá ser resgatado mediante o disponível.

LI = Disponibilidades/Passivo circulante

- **Liquidez corrente** — relação entre ativo circulante e passivo circulante.

LC = AC/PC

- **Liquidez seca** — indica o percentual de dívidas de curto prazo.

LS = (AC − Estoques)/PC

- **Liquidez geral** — detecta condições financeiras a longo prazo.

LG = (AC + RLP) / (PC + ELP)
onde:
RLP — realizável a longo prazo;
ELP — exigível a longo prazo.

O índice que revela o **grau de endividamento da empresa** deve ser utilizado quando a empresa já está em atuação em um determinado período. A análise desse indicador por diversos exercícios mostra a política de obtenção de recursos da empresa, isto é, se a empresa vem financiando o seu ativo com recursos próprios ou de terceiros e em que proporção. É por meio dos seguintes indicadores que apreciaremos o nível de endividamento da empresa:

- **Participação de capital de terceiros** — indica o nível de endividamento da empresa em relação ao seu financiamento a partir de recursos próprios.

PCT = ET / (ET + PL) × 100

- **Composição do endividamento** — representa quanto de obrigações vencem a curto prazo.

CE = PC/ET × 100

- **Imobilização do patrimônio líquido** — indica quanto a empresa tem aplicado de capital próprio em bens permanentes.

IPL = AP/PL × 100

- **Imobilização do patrimônio líquido com capital de terceiros a longo prazo** — indica quanto a empresa tem aplicado de capital próprio com capital de terceiros a longo prazo em bens permanentes.

IP c/CTLP = AP/(PL + ELP) × 100

Com todos esses dados e índices performáticos, a avaliação se torna mais consistente e acurada, para que possa ser feita uma projeção mais assertiva para ações de investimentos (ou não) atuais e futuros. Assim, tem-se um diagnóstico de cada fase de desenvolvimento da empresa para que a eventual tomada de decisão seja feita de forma consolidada e baseada em dados e aspectos econômicos e sociais da realidade em que a organização se encontra, frente ao mercado e em relação à sua dinâmica de transformação.

Exemplo

O artigo "Análise de demonstrações contábeis em um comércio de varejo", do *site* Contadores, apresenta de forma detalhada como podem ser obtidas as projeções financeiras em um comércio de varejo.

https://goo.gl/BzScqs

Exercícios

1. O planejamento estratégico está inteiramente relacionado aos objetivos de toda a organização e interligado com diferentes estratégias para que sejam alcançadas as metas determinadas. De acordo com Oliveira, o planejamento precisa se dividir em fases para que apresente melhor desempenho. Quais são essas fases?
   a) Verificação financeira, ponto de vista das lideranças, análise da concorrência e do mercado.
   b) Determinação da alta direção, avaliação de inovação do mercado, concorrências diretas e indiretas, posicionamento da marca.
   c) Avaliação da comunicação interna, propagação de campanhas de *marketing* de forma mais agressiva, análise da concorrência e do mercado.
   d) Diagnóstico estratégico, missão da empresa, instrumentos prescritivos e quantitativos e controle e avaliação.
   e) Avaliação dos desejos do cliente, verificação dos níveis de qualidade dos produtos, comparação dos resultados frente à concorrência e novas campanhas de *marketing*.

2. Qual é a finalidade do planejamento tático para a organização e a sua importância?
   a) A sua finalidade é estar alinhado ao planejamento estratégico, desdobrando-se para os acionistas, que são os principais atores no processo de desenvolvimento organizacional, devido à detenção de poder e recursos financeiros, que são aplicados nas organizações. Esse planejamento é de fundamental importância, pois nesse nível entram em ação os consultores internos, que fazem a ponte entre a alta gestão e os acionistas para a tomada de decisão.
   b) A sua finalidade é estar alinhado ao planejamento estratégico, sendo, dessa forma, detentor das tomadas de decisão que são necessárias para a melhoria do desempenho dos recursos financeiros e qualitativos, podendo alterar, inclusive, os caminhos do planejamento estratégico. Sendo assim, esse planejamento é importante porque interfere em toda a dinâmica do planejamento estratégico em relação à liderança.
   c) A sua finalidade é estar alinhado ao planejamento estratégico e desdobrá-lo de forma eficiente dos gerentes até os funcionários, visando à melhor utilização dos recursos disponíveis para alcançar os objetivos determinados. Sendo assim, esse planejamento é de fundamental importância no decorrer do desenvolvimento estratégico.

d) A sua finalidade é estar alinhado ao planejamento estratégico, desenvolvendo toda a proposta de trabalho, já que nesse nível as coisas "acontecem", materializando-se nos resultados que serão apresentados, que são os objetivos centrais do planejamento estratégico. Assim, o planejamento tático é de fundamental importância devido à sua prática operacional.

e) A sua finalidade é estar alinhado ao planejamento estratégico, pois determina o plano de ação de posicionamento estratégico que será utilizado pela empresa e como este será desenvolvido para os clientes e frente aos concorrentes. Assim, o planejamento tático é um propulsor da inovação e das ferramentas de criação e é fundamental para o intercâmbio de informações entre cliente e empresa.

3. O planejamento estratégico normalmente determina um espaço de tempo para a execução, o desenvolvimento e a avaliação das entregas; normalmente ele é composto de planos de longo, médio e curto prazos. O detalhamento dos planos de longo e médio prazos acontece em qual fase e para quê?

   a) O detalhamento dos planos de longo e médio prazos é feito na fase do plano anual, que descreve metas concretas, até o ponto de serem obtidos os planos de ação e o orçamento anual.

   b) O detalhamento dos planos de longo e médio prazos é feito na fase de divulgação para o público-alvo, por meio de campanhas publicitárias com enfoque nos objetivos previamente descritos pelos seus acionistas e pela alta direção.

   c) O detalhamento dos planos de longo e médio prazos é feito na fase do plano de curto prazo, visando à maior agilidade em seu desdobramento operacional para todas as áreas que o operacionalizam, com foco em entregas rápidas dos produtos/serviços ao cliente.

   d) O detalhamento dos planos de longo e médio prazos é feito na fase de modelagem e experimentação, que acontece no decorrer do desenvolvimento estratégico, trazendo dados suficientes para a avaliação do desenvolvimento da empresa nesse período.

   e) O detalhamento dos planos de longo e médio prazos é feito na fase de projeção financeira, que fornecerá subsídios para que as melhorias necessárias sejam feitas e se ajustem ao que foi determinado no objetivo global da empresa.

4. Na busca pela saúde financeira equilibrada da organização, os seus gestores precisam se atentar a três passos, conforme definem Graham et al. (2005). Quais são esses passos?

   a) A estratégia da empresa deve consistir em portfólios únicos; as empresas necessitam apresentar diferenciais de exclusividade para seus clientes; as empresas precisam mudar a forma como se comunicam tanto com seu público interno quanto com seu público externo e acionistas.

b) A estratégia da empresa deve consistir em portfólios que envolvam horizontes diferentes de tempo; as empresas necessitam de processos organizacionais que tenham foco tanto no desempenho como na saúde financeira; as empresas necessitam mudar a natureza de seu diálogo com seus *stakeholders* principais, particularmente os mercados de capitais e os empregados.

c) A estratégia da empresa deve consistir no foco no mercado e em suas demandas de inovação; as empresas precisam buscar sair à frente da concorrência; as empresas precisam investir todo seu capital no futuro, alinhado com a visão traçada no planejamento estratégico.

d) A estratégia da empresa deve consistir no desenvolvimento do capital humano para o melhor desempenho de seus resultados; as empresas precisam trazer o funcionário como protagonista da sua carreira dentro da empresa; as empresas precisam ter políticas internas de melhoria contínua de processos.

e) A estratégia da empresa deve consistir no fator financeiro, pois a partir dele todas as demais áreas se desenvolvem; as empresas precisam criar políticas internas de otimização de recursos próprios e organizacionais; as empresas precisam mudar a forma de se relacionar e negociar tanto com funcionários e sindicatos quanto com os seus *stakeholders*.

5. Nas projeções econômico-financeiras, é fundamental saber interpretar os dados apresentados nos balanços/demonstrativos contábeis. A interpretação por meio de índices facilita o entendimento e a escolha da ação mais adequada em relação aos dados. Quais são as principais análises que podemos fazer nesse caso?

a) Análises financeira, econômica e administrativa.

b) Análises de mercado, de concorrência e de eficiência.

c) Análises de desempenho das equipes, de produção e do quantitativo de entregas ao cliente.

d) Análises financeira, administrativa e de mercado.

e) Análises econômica, de concorrência e de inovação tecnológica.

Referências

ASSAF NETO, A. *Estrutura e análise de balanços:* um enfoque econômico-financeiro comércio e serviços, industriais, bancos comerciais e múltiplos. 7. ed. São Paulo: Atlas, 2002.

CAMPOS, V. F. *Gerenciamento pelas diretrizes.* Belo Horizonte: QFCO, 1996.

GRAHAM, J. R.; HARVEY, C. R.; RAJGOPAL, S. The economic implications of corporate financial reporting. *Journal of Accounting and Economics*, v. 40, n. 1-3, p. 3-73, dez. 2005. Disponível em: <https://www.nber.org/papers/w10550>. Acesso em: 17 out. 2018.

KAPLAN, R. S.; NORTON, D. P. *Mapas estratégicos convertendo ativos intangíveis em resultados tangíveis.* São Paulo: Campus, 2005.

MARION, J. C. *Análise das demonstrações contábeis:* contabilidade empresarial. 2. ed. São Paulo: Atlas, 2002.

MAXIMIANO, A. C. A. *Teoria geral da administração:* da escola científica à competitividade na economia globalizada. 2. ed. São Paulo: Atlas, 2000.

OLIVEIRA, D. P. R. *Planejamento estratégico:* conceitos, metodologias e práticas; 19. ed. São Paulo: Atlas, 2003.

SOBRAL, F.; PECI, A. *Administração:* teoria e prática no contexto brasileiro. São Paulo: Pearson, 2010.

Leituras recomendadas

OLIVEIRA, D. P. R. *Estratégia empresarial e vantagem competitiva:* como estabelecer, implementar e avaliar. 3. ed. São Paulo: Atlas, 2001.

WRIGHT, P.; KROLL, M. J.; PARNELL, J. *Administração estratégica:* conceitos. São Paulo: Atlas, 2000.